图画通识丛书
A Graphic Guide

语言学

Introducing
Linguistics

R.L. 特拉斯克（R.L. Trask）/ 文

比尔·梅布林（Bill Mayblin）/ 图

··· 陈玮 / 译 ···

三联书店

图书在版编目（CIP）数据

语言学／（英）R.L. 特拉斯克文；（英）比尔·梅布林图；
陈玮译．—北京：生活·读书·新知三联书店，2020.9
（2025.5 重印）
（图画通识丛书）
ISBN 978 - 7 - 108 - 06947 - 4

Ⅰ．①语…　Ⅱ．① R…　②比…　③陈…　Ⅲ．①语言学
Ⅳ．① H0

中国版本图书馆 CIP 数据核字（2020）第 159982 号

责任编辑　黄新萍
装帧设计　张　红
责任校对　陈　明
责任印制　卢　岳
出版发行　生活·讀書·新知 三联书店
　　　　　（北京市东城区美术馆东街 22 号 100010）
网　　址　www.sdxjpc.com
图　　字　01-2018-6759
经　　销　新华书店
印　　刷　北京隆昌伟业印刷有限公司
版　　次　2020 年 9 月北京第 1 版
　　　　　2025 年 5 月北京第 2 次印刷
开　　本　787 毫米 × 1092 毫米　1/32　印张 5.75
字　　数　50 千字　图 174 幅
印　　数　08,001 - 11,000 册
定　　价　38.00 元

（印装查询：01064002715；邮购查询：01084010542）

目　录

语言学简史

　　人类很可能从诞生的那一天起，就开始说话了，但是直到大约 3000 年之前，才有人对语言感到好奇并开始加以研究。这发生在两个不同的地方。

语法分析在古代印度很早就已发展起来。

古希腊人那里也出现了对语法的描述。

　　我们或许可以先来看看印度传统中的一个例子。

3

印度语言学家

波你尼（Pānini，约公元前 5 世纪）的生平不详，但是其著作《波你尼经》（*Astādhàyāyĭ*）是早期音系学和语法研究的高峰。

波你尼研究语法的方式要求，语词的各个部分首先要有序地黏附在一起，然后才能用规则来转变其顺序，使之合乎正确的表层形式。波你尼研究的是梵文，但是我们完全可以用英语来解释他的方法。我们看下面这个动词：

penetrate（穿透）
及其相关的形容词

impenetrable
意思是"无法被穿透的"。这包括否定前缀——

in-（例如 insane 一词）

词干是 *penetrate*

后缀是 *-ble*

于是我们首先有了下面这个词：

in-penetrate-ble

现在我们需要某些规则，将其运用到发音方面，不一定要用在拼写方面。

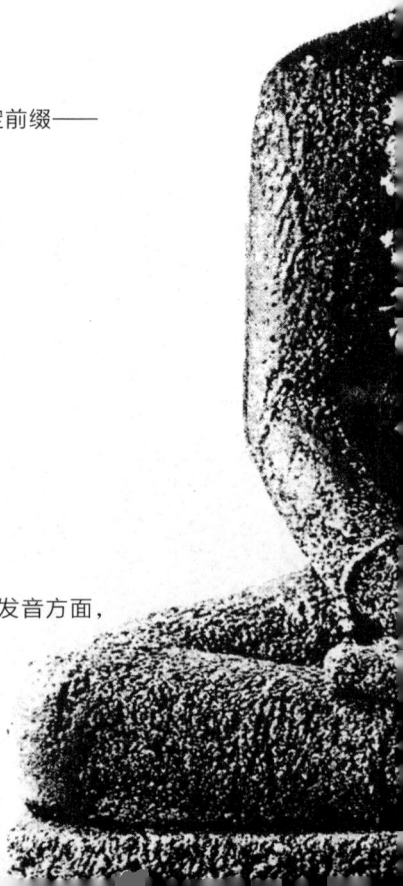

首先，如果一个以 -ate 结尾的动词词干后面直接跟一个辅音（例如 b），那就要去掉动词词干的 t。

其次，如果在后缀 -ble 前面有一个长音 A，那就要把这个长音 A 变成弱元音，就像 circus（马戏团）和 carrot（胡萝卜）尾音节中的弱元音一样。

第三，如果 n 后面直接跟一个唇辅音，例如 b，那就将 n 变成 m。

上述规则产生的结果是：

impenetrable

我也会做一些类似的工作……不过那是很久很久以后了！

波你尼进行语音分析的正式方法比乔姆斯基在 20 世纪 60 年代提出的方案要早 2000 年。事实上，乔姆斯基承认这位印度语法学家做出的开创性贡献。

003

语言学的希腊起源

虽然印度传统更为复杂，但实际上，是古希腊人奠定了语言学的欧洲传统。

伟大的古希腊学者亚里士多德（公元前384—前322）迈出了第一步。

> 我将句子分成两部分，即：**主语**和**谓语**。

主语：
波斯国王

谓语：
率大军进攻希腊

亚里士多德没有再做进一步的发展，但是这个划分一直沿用至今，依然是句子分析的基本步骤。

* 此处疑有误，将来时中动态应为 leipsomai。——译注

希腊语的动词 leípō（离开）就像所有的希腊语动词一样，具有超过 300 种不同的形式。

leípein to leave [不定式]
leípōn leaving [分词]
leipsein to be going to leave [将来时不定式]
leípsōn going to leave [将来时分词]
lipein having left [不定过去式完成时]
leípō I leave [第一人称单数]
leipeis you (singular) leave [第二人称单数]
leipei he/she leaves [第三人称单数]
leípomen we leave [第一人称复数]
leípete you (plural) leave [第二人称复数]
leípousi they leave [第三人称复数]
leípō (that) I may leave [虚拟语气]
leipoimi may I leave [祈愿语气]
leipsō I will leave [将来时]
leipsoimi may I leave (future) [将来时祈愿语气]
élipon I left [不定过去式]
lípō (that) I might leave [不定过去式虚拟语气]
lípoimi might I have left [不定过去式祈愿语气]
léloipa I have left [完成时]
eleloípē I had left [过去完成时]
leípomai I remain [中动态第一人称单数]
leípomai * I will remain [中动态将来时第一人称单数]
elipómēn I remained [中动态不定过去式第一人称单数]

léleimmai I have remained [中动态完成时第一人称单数]
leiphthésomai I will be left [被动态将来时第一人称单数]
eliphthen I was left [被动态不定过去式第一人称单数]

语法或词类

最重要的希腊语言学著作出自阿波罗尼乌斯·狄斯考鲁（110—175）和狄奥尼西乌斯·特拉克（公元前2至1世纪）。特拉克发明了第一套完备的希腊语语法，但是仅保存下来一部分。古希腊语的动词会基于语法目的而产生大量不同的词尾。

通过考察希腊语单词的变化，尤其是词尾的变化，特拉克认为，希腊语单词分为八类，我们称之为词类。

我提出的词类包括：**名词、动词、冠词、代词、介词、连词、副词**和**分词**。

直到20世纪，特拉克对希腊语所做的描述在欧洲都是一切语法描述的基础，尽管他的"八词类"划分后来又经过了修改。

拉丁语语法

到了公元前 2 世纪中叶，罗马攻占希腊以后，罗马学者对希腊语言学著作有所了解，并开始将同样的分析应用于他们自己的语言，即拉丁语。

这种模仿其实也不错。因为拉丁语在结构上其实与希腊语非常相似。

amicus bonus（好朋友）a good friend
amici boni of a good friend
amico bono to a good friend
amicus bonum a good friend (object)
amico bono (by/with/from) a good friend
amici boni good friends
amicorum bonorum of good friends
amicis bonis to good friends
amicos bonos good friends (object)
amicos bonis (by/with/from) good friends

公元 6 世纪罗马最重要的语法学家普利西安在其著作中最终综合了希腊–罗马传统。我们今天所使用的大多数拉丁语课本中，依然能看到普利西安对拉丁语的描述。

到了 14 世纪和 15 世纪，欧洲人终于开始对描述自己的语言有了兴趣，而他们通常的做法就是，试着将普利西安对拉丁语的说明用在他们自己的语言上。

这样做其实不太成功，因为西班牙语、法语、德语和意大利语与拉丁语并不总是很相似。

英语和拉丁语的区别就更大了。

传统语法

不过，直到今天，欧洲的学校一直都在教授这种传统的希腊 – 罗马语法。

在英语国家，到了 20 世纪 60 年代，学校里基本上就不再教授英语语法了……

因为人们认为语法太枯燥了，无法引起学生的兴趣。

连接代词"who"用来代替从属连词的时候，就构成了一个状语从句。

波尔 – 罗瓦雅尔语法

17 世纪的法国语言学者（后来被称为"波尔 – 罗瓦雅尔学派"）编纂了一部极具原创性的"普遍"法语语法，该书在很大程度上打破了普利西安的传统。这里有一个典型的例子，来表明他们是如何分析语言的。

The invisible God created the visible world.

（不可见的上帝创造了可见的世界。）

这个句子可以被分析为……

God, who is invisible, created the world, which is visible.

［上帝（不可见的）创造了世界（可见的）。］

……这个句子可以接着被拆分为三个命题……

God is invisible.　（上帝是不可见的。）

God created the world.　（上帝创造了世界。）

The world is visible.　（世界是可见的。）

这种分析明显类似于我最初在 20 世纪 50 年代提出的**"转换语法"**（transformational grammar）。

乔姆斯基

德国的博学者威廉·冯·洪堡（1767—1835）是著名的探险家亚历山大·冯·洪堡的哥哥，他也试图发展一种普遍主义的、哲学的方法来研究语言。

语言的核心事实就在于，言说者可以对其语言中的有限资源做无限的运用。尽管使用语言的能力是普遍的，但是每一种语言的个别性都是使用该语言的人群的特性之一。每一种语言都有自己的 *innere Sprachform*（内在结构），后者决定了它的外在形式，并反映了言说者的思维。一个民族的语言和思想因此就是不可分离的。

> 一个民族的言语就是他们的精神。而他们的精神就是他们的言语。

虽然洪堡的著作引发了大量关注，但是也未能建立起一个持久的传统。

历史语言学家

到了 18 世纪末，欧洲的语言学家开始意识到，某些语言呈现出显著的系统性相似，因此它们必定来源于同一个祖先，在经过一系列漫长的变化之后，它们才变得迥异于最初这个共同的源头。葆朴（1791—1867）、拉斯姆斯·拉斯克（1787—1832）以及雅各布·格林（1785—1863）等学者都能表明，几乎所有欧洲语言，以及很多亚洲语言，都是以这种方式彼此关联的。

由于这些惊人的发现，对语言变化和前史的研究（人称"历史语言学"）迄今已成为最重要的语言研究方法，而其他的研究路径则暂时沉寂了。

> 这一语系称为**印欧语系**，它来自一个遥远的源头……

> 我们称之为"原始印欧语"（Proto-Indo-European）。

雅各布·格林

拉斯克

葆朴

下面这个例子表明了最早引起人们注意的系统性对应。请注意词首的辅音。

英语		拉丁语	希腊语
fish	（鱼）	piscis	(ikhthys)
father	（父亲）	pater	pater
foot	（脚）	ped-	pod-
for	（为了）	pro	para
six	（六）	sex	hexa
seven	（七）	septem	hepta
sweet	（甜的）	suavis	hedys
salt	（盐）	sal	hal
new	（新的）	novus	neos
night	（夜晚）	noct-	nykt-
nine	（九）	novem	(en)nea

普通语言学的起源

直到 19 世纪末，对语言结构的非历史研究才开始重新出现。开创者发表了他们对语言中单词结构和发音结构的重要观察，例如德国学者甲柏连孜（1840—1893）、波兰学者库尔德内（1845—1929）以及 M. 克鲁舍夫斯基（1851—1887）。

我们今天将这类著作称为普通语言学（general linguistics），它研究的是各种语言如何组合而成，以及它们是如何运作的。

索绪尔

不过在当时，普通语言学发展过程中最重要的人物在瑞士的日内瓦还是无名小卒。索绪尔（1857—1913）本来接受的是历史语言学的训练，而且也确实为我们对原始印欧语的理解做出了重要贡献。索绪尔将内部重构的技巧应用于原始印欧语（PIE），以解释某些不规则的词根形式。大多数 PIE 词根都具有 CeC- 的形式，其中 C 指的是"任何辅音"。例如……

b^hel-	'shine'
b^her-	'carry'
gel-	'form into a ball'
kwel-	'revolve'
meg-	'great'
mel-	'soft'
neb^h-	'cloud'
ped-	'foot'
reg-	'go straight'
sed-	'sit'

ag-	'lead'
ak-	'sharp'
d^he:-	'put, set'
do:-	'give'
ed-	'eat'
es-	'be'
ma:-	'good'
od-	'smell'
se:-	'sow'

但是其中一些是不一样的。元音是 A 或 O，而不是 E。第一个或最后一个辅音丢失。而且，当最后一个辅音丢失时，元音变长（用冒号标出）。

索绪尔提出，这些不规则的词根本来是完全规则的，但是它们恰好包括了某些已经消失的辅音。我们将这些辅音称为**喉音**（*laryngeals*）。

013

索绪尔的《普通语言学教程》

　　大多数人将语言还原为一份与事物相对应的术语清单。比如说，在拉丁语中……

EQUUS

ARBOR

　　　　语言标记并不是事物与名称之间的连接，而是概念与音系（sound-pattern）之间的连接。音系实际上并不是声音，因为声音是物理层面的事物，而音系则是听者具有的、对于声音的心理印象。

20 世纪初期，索绪尔在日内瓦大学开始讲授普通语言学。他的观点极富原创性，紧紧抓住了学生的想象。但是索绪尔生前从未将他的思想付诸出版。

不过我们共同整理并编辑了当时的课程笔记，并于 1916 年以索绪尔的名义发表了……

这是一份至今仍然备受推崇的**课程讲义**。

索绪尔的结构主义

在索绪尔之前，大多数语言学家采取某种原子论的路径来研究语言结构。也就是说，他们将一门语言首先理解为对象物的集合，例如语音、单词以及语法层面的词尾变化。

相反，我认为语言最好被看成一种**结构化**的**要素系统**，其中的每一个要素，都主要由它与其他要素之间的**关系**来界定。

ME
（我）

MY（我的）

这一全新的研究路径很快被人命名为"结构主义"（structuralism），而且，自索绪尔的著作出版以来，几乎所有关于语言学的重要著作在这个意义上都是结构主义的。

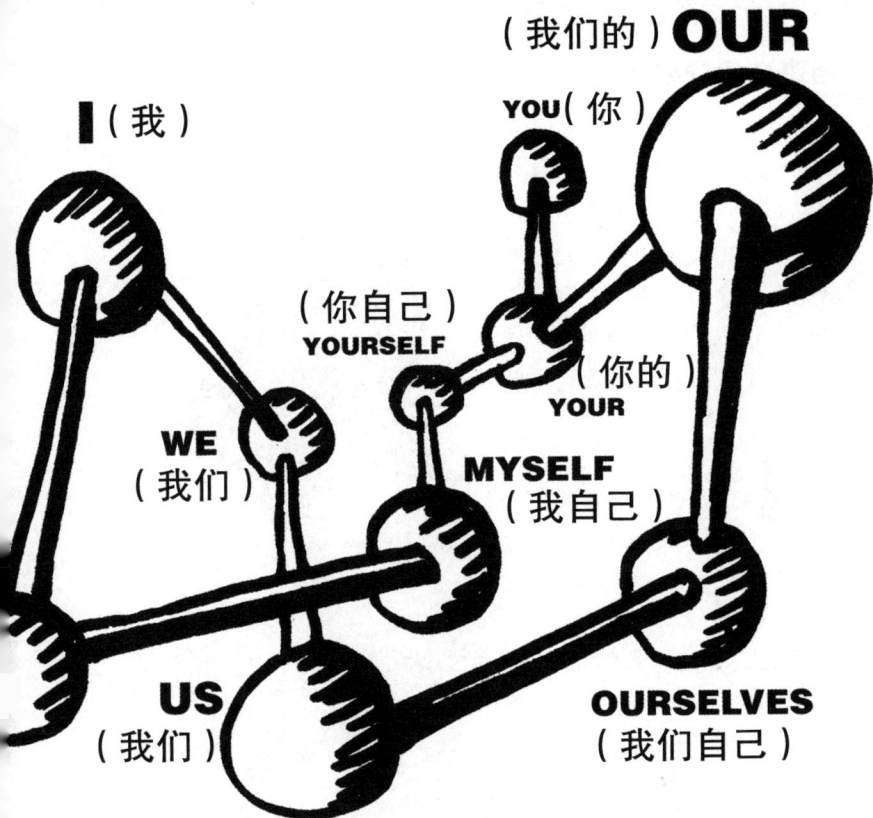

(我们的) **OUR**

I (我)

YOU(你)

(你自己)
YOURSELF

(你的)
YOUR

WE
(我们)

MYSELF
(我自己)

US
(我们)

OURSELVES
(我们自己)

英语的例子

这里我们用一个例子来说明什么是结构主义的分析。有两个英语语音，我们将其读作 [d] 和 [ð]。

[d] 在单词 den 的词首发音，而 [ð] 在单词 then 的词首发音。

在其他情况下，这两个单词的发音就完全一样了，而它们又具有不同的含义，因此，我们可以得出结论：这两个语音在英语当中"算是"有区别的。也就是说，它们作为两个不同的结构单元而起作用，其目的是构成不同的英语单词。因此我们可以说，[d] 和 [ð] 在英语中属于两个不同的结构单元，或者说两个不同的音位（phoneme），我们将它们分别发作 /d/ 和 /ð/，这样 den 和 then 的发音就是 /den/ 和 /ðen/。

西班牙语的例子

de[ð]o

　　相比之下，西班牙语也有 [d] 和 [ð] 这两个发音，但是发音的方式不同。在西班牙语中，[ð] 只在特定的位置上才发音，尤其是在两个元音之间，例如在 [deðo]（意为"手指"）这个单词当中；而 [d] 绝不会出现在这些地方。

　　但是要注意下面的例子：[dama]（意为"女士"）发 [d] 音，但是在 [la ðama]（加定冠词，意为"这位女士"）中，两个元音之间发 [ð] 音。

　　因此，西班牙语中的这两个语音"算不上"不同，而我们将二者都归为同一个音位 [d]。西班牙语的拼写系统表明，我们的上述分析是对的："手指"写作 dedo，"女士"写作 dama，而"这位女士"写作 la dama。

[d]ama

但是我们会说

la [ð]ama

英语和西班牙语都有语音 [d] 和 [ð]，但是在这两种语言当中，这两个语音之间的结构性关系有所不同：而且，按照某种结构主义路径，这种结构性的关系才是最重要的，客观的发音事实则不那么重要。

西班牙语和英语里都有我，但是只有在英语里，我才"算回事儿"。

今天，按照索绪尔的普通语言学观点来看，几乎所有语言学著作都是结构主义的。从发音规则到对话结构，语言学家都将每一门语言看作一个有序的系统，或者不如说，看作一个包括了各个系统的系统，而这些系统正是由全部语言现象构成的。

共时性结构与历时性结构

索绪尔的著作还有一个方面，就是强调对语言的研究有两种非常不同的方式：一种是共时性的方式，我们关注的是一门语言在某个时刻（不一定是当下的时刻）所具备的结构；另一种则是历时性的方式，我们考察的是一门语言在时间进程中的发展。

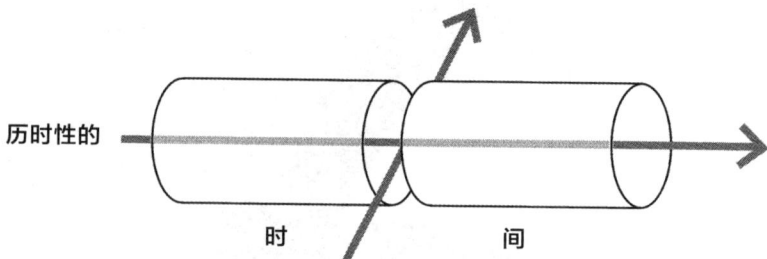

历时性的

时　　　　　间

共时性的

比如说，我们会用共时性的方式来考察莎士比亚的英语，这种考察的目的就在于其语言本身。

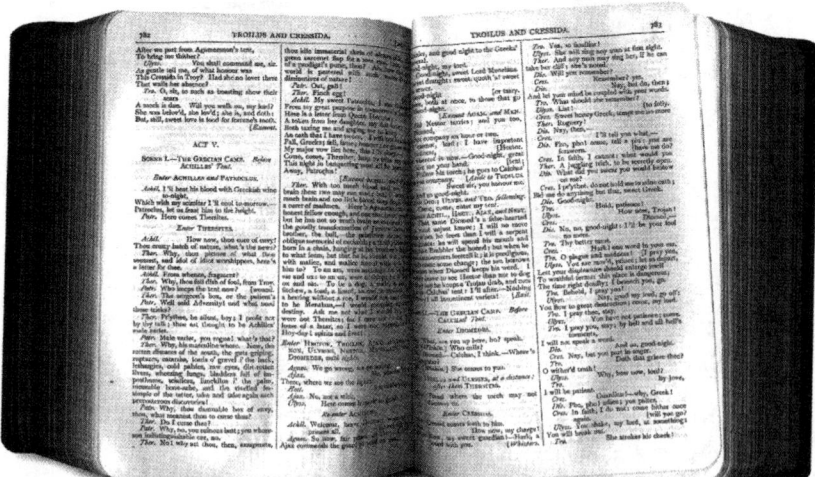

我们也可以用历时性的方式来考察莎士比亚的英语，这种方式将其看作中古英语向现代英语转变过程中的一个发展阶段。

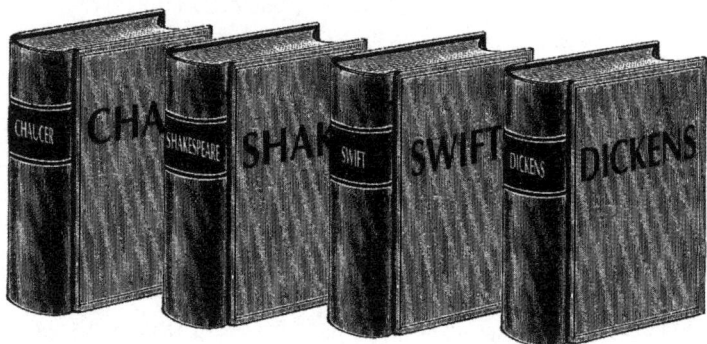

布拉格学派

第一次世界大战之后，大批东欧语言学家聚集在捷克的布拉格，其中很多是逃亡的俄国学者。这个群体后来被称为"布拉格学派"，在随后的二十年间从很多不同的方向发展了结构主义思想。其中尤为重要的是两位俄国学者：尼古拉·特鲁别茨科伊（1890—1938）和罗曼·雅各布森（1896—1982）。特鲁别茨科伊于 1939 年出版了《音位学原理》（*Principles of Phonology*），该书或许是布拉格学派最有影响力的出版物（音位学就是对语言发音系统的研究）。但是 1938 年纳粹占领了捷克斯洛伐克，学派于是分崩离析：特鲁别茨科伊去世，雅各布森向西逃亡，最终逃往美国。

特鲁别茨科伊的音位学

我们看一个音位学分析的例子，出自特鲁别茨科伊的著作。

> 音位的对位具有明确的特性，这是因为它是一种可辨别的语音对位……"可辨别"（distinctiveness）预设了"对位"的概念。一个事物只能用另一个事物加以区别：它是可区分的，仅仅因为它与另外的事物相反或相对。

比如说，美国人和加拿大人对 caught 这个词的发音差不多。但是，在大部分美式发音中，caught 与 cot 的发音不同，而加拿大人对这两个词的发音相同。

所以说，美式发音区分了两个对位的元音。

而加拿大发音没有这个区分。

重要的是有没有这个区分，而不是发音本身。

雅各布森的语言学著作

现在我们来看一个雅各布森的语言学分析，出自他的著名文章，该文讨论了儿童的语言习得以及语音普遍性的程度。

对位（oppositions）在世界语言当中相对来说比较少见，它们属于儿童音位习得的最后阶段。因此，鼻元音的地域分布相对有限，举例来说，在法国和波兰儿童当中，这些音位一般要到语言习得的第三年左右才会出现。另一方面，鼻辅音则出现在所有语言当中，而且也是儿童最早习得的音位。

捷克语中的**摩擦音**（Ř）就是各门语言中最少见的音位之一。捷克儿童的母语中，几乎没有其他音位像这个摩擦音这样，对他们造成了如此巨大、如此持久的困难。

雅各布森与符号学

雅各布森是从语言学中发展出符号学的关键人物。他从俄国流亡到美国的路线同时也将这些传统结合在一起。语言学提供了分析语言的模式，将语言作为一种"产生意义"的结构化系统。符号学试图将这一路径向其他非语言学的系统拓展，也就是说，向那些能够作为符号（signs）的结构化系统而加以分析的社会经验的每一个方面拓展。这些方面可以包括交通运输系统、交响乐或建筑，而它最大的野心则是生物符号学（bio-semiotics），即有机生物体的进化环境。

1941 年，雅各布森抵达美国，并与另一个符号学传统相遇……

1869 年，皮尔士（1839—1914）着手创建他的"符号学"理论……
莫里斯（1901—1979）受到结构主义语言学家、布鲁姆菲尔德（1887—1949）的影响，为符号学奠定了行为主义基础……
托马斯·西比奥克（1920—2001）出生在匈牙利，他是莫里斯的学生，他将符号学扩展到生物学领域……

……莫斯科语言学派与OPOJAZ（OPOJAZ即"奥波亚兹"，就是彼得堡诗歌语言研究会，1916—1930）符号学"形式主义者"之间有联系。

……符号学影响了莫斯科语言学派（1915—1921），雅各布森年轻时担任该学派的领导人。

雅各布森协助建立了布拉格学派（1920）……

索绪尔宣告"对于符号的一般研究"或"符号学"诞生……

索绪尔和雅各布森影响了20世纪五六十年代的法国结构主义。

人类学领域的符号系统研究：
克劳德·列维－斯特劳斯
（1908—2009）

心理学领域：
雅克·拉康（1901—1981）
历史学领域：
米歇尔·福柯（1926—1984）

后结构主义
罗兰·巴特（1915—1980）
雅克·德里达（1930—2004）
朱莉亚·克里斯蒂娃（生于1941年）

语言学可以而且也确实独立于符号学；但如果没有语言学，就无法想象符号学的存在了。

美国语言学的起源

　　当索绪尔讲授他的语言学课程时，德裔美国人类学家弗朗兹·博厄斯（1858—1942）正在致力于研究濒于灭绝的美洲土著文化。博厄斯很早就认识到，要想很好地探究这些文化，就需要掌握他们的语言。他抨击那种将种族、文化和语言视为零碎问题的日常偏见。他举出的例子是亚大巴斯卡（Athabasca）语言谱系。

> 那些使用亚大巴斯卡语系的人住在美国西南部，在加利福尼亚有一些小的部落，大多数人住在亚利桑那和新墨西哥。

> 这些说亚大巴斯卡语的人根本上属于不同的"种族"，他们的文化也彼此不同。

亚大巴斯卡
语系的传播

　　博厄斯影响了整整一代美国人类学家，他们去学习美洲当地语言，发表的作品也对这些语言做出了仔细的描述。由于他的这些贡献，博厄斯如今已被人们奉为美国语言学之父。

萨丕尔的普通语言学

博厄斯最著名的学生是另一位德裔美国学者、爱德华·萨丕尔（1884—1939）。萨丕尔从事语言学研究之前，有深厚的音乐、艺术和文学背景，相应地，他研究语言的视野也十分开阔并富有人文关怀。萨丕尔极为感兴趣的事情在于，揭示语言和文化之间可能存在的联系。

"你看到谁了？"这句话的正确形式是"WHOM DID YOU SEE？"，但是自然的说法是"WHO DID YOU SEE？"。

要寻找普遍的语言发展趋势的进一步信息，我们必须注意那些不规范的民间表达。

"WHOM"（宾格形式的"谁"）早晚会成为历史，就像伊丽莎白时代的"HIS"后来变成了"ITS"。

萨丕尔于1921年出版的经典著作《语言》（Language）是第一本普通语言学的英语教材，它开创了人文主义语言研究的传统，该传统直到今天仍长盛不衰。

萨丕尔－沃尔夫假说

萨丕尔最著名的学生是本杰明·李·沃尔夫（1897—1941），他曾经是一位火灾保险巡视员，他继承了老师的学术志趣，并对美国和加拿大的土著语言进行了大量研究。沃尔夫指出，不同的语言用以区分世界的方式也明显不同，并由此提出了一个文化理论。

我们的语言结构必定在某种程度上决定了我们感知世界的方式。

人们将这个观点称为"萨丕尔－沃尔夫假说"或"语言相关性"假说，自此以后，语言学家、人类学家和心理学家都受到该观点的吸引，尽管其有效性（如果有任何有效性的话）依然是人们争论不休的话题。

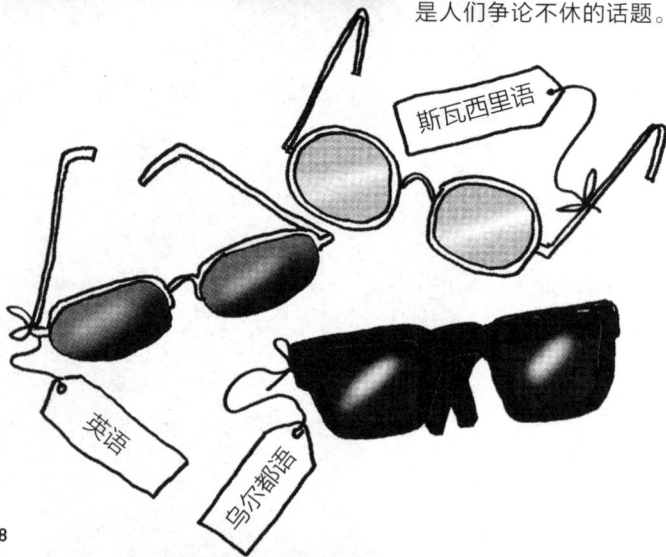

斯瓦西里语

英语

乌尔都语

举例说明萨丕尔－沃尔夫假说

比如说，亚利桑那的纳瓦霍人使用的语言当中，有大量词语都用来表示具有不同形状、颜色和结构的线条。这样的词语有上百个，我们可以看几个例子：adziisgai 指的是"一组不断延伸的白色平行线"，ahééhesgai 指的是"两条以上的白线构成了同心圆"，还有 álhch'inidzigai，指的是"两条白线相交于一点"。

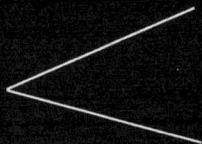

有了如此巨大的词汇量，说纳瓦霍语的人就可以很轻松地讨论各种几何图形，英语则需要很长的描述才能表明这些图形是什么。

我们用来理解它的那些几何术语，在我们的语言中出现得如此自然。

但是重点在于，纳瓦霍语的使用者与英语的使用者，对这个世界的感知是完全不同的。

值得注意的是，纳瓦霍语中的地名在性质上完全是几何学的。比如说，位于亚利桑那的某个引人注目的岩层，在纳瓦霍语中称为 *Tsé Áhé' ii' áhá*。

意思就是"两块岩石平行矗立，与地面垂直"。

我们就直接叫它们"象足"。

人们认为，英语使用者注意到的是事物与其他事物之间的相似，而纳瓦霍语使用者注意到的则是几何关系。不过这些观点至今仍然存在争议。

美国结构主义的先驱

  另一位语言学家则使美国语言学略微偏离了人类学和文化等方面的关联，更加明确地关注语言结构本身。布鲁姆菲尔德（1887—1949）虽然是研究欧洲日耳曼语言的专家，但是他最初成名则是因为表明了，历史语言学的研究技巧已经十分成功地应用于欧洲和亚洲语言的研究……

> ……因此也可以在美洲土著语言的研究中获得同样的成功。

Cree	Menomini	Ojibwa	Proto-Algonquian	English
atim	anɛɛm	anim	*aθemwa	dog
niitim	nenem	niinim :	*niiθemwa	my sister-in-law
kaateew	kianɛɛw	kaanaat	*kyaaθeewa	he hides him
atameek	anaamɛɛk	(doesn't exist)	*aθameekwa	dead fish

  布鲁姆菲尔德创建了一门精确的方法，用以研究北美的**阿尔冈琴语系**，这样他就能够重构出一种未经记录的、阿尔冈琴语的前身。

不过，布鲁姆菲尔德最出名的作品还是他于 1933 年出版的教材，书名也是《语言》(*Language*)，在这本书中，他仔细地说明了结构主义语言分析的方法，远比索绪尔的《普通语言学教程》更加明确翔实。从他研究性别系统的语言性质所使用的方法，我们就能看出这一点。

在阿尔冈琴语中，在其关于有生命事物和无生命事物的性别系统中，有生命的事物包括了某些我们并不认为具有生命的东西，比如石头、绳索、覆盆子（但是草莓不算）、膝盖（但是手肘不算）。

民族志的观察研究表明，除了语言的语法形式，阿尔冈琴语的使用者并没有对事物做出这种区分。

我们不会说"一颗覆盆子具有生命，而一颗草莓没有生命"，我们也不会用其他任何方式来进行区分，无论是在我们的饮食习惯中，还是在我们的宗教仪式中。

布鲁姆菲尔德之后的结构主义者

　　此后整整一代美国语言学家都从布鲁姆菲尔德那里获得启发。这些"后布鲁姆菲尔德主义者"不满于欧洲语言学家在扶手椅中做出的思考，而是热切地将语言学与坚实的经验研究和科学研究结合起来。他们发展出一种被称为"美国结构主义"的语言学类型，并且十分关注那些亲自动手搜集的、对真实语言进行田野调查得来的经验数据，而这些往往是未经书写记录的、不为人知的语言。

　　这种研究方法极大地拓展了我们对于人类语言的理解，不过这也令其追随者对于那些试图加以普遍化的倾向格外紧张，甚至有些反对语言理论化的工作。

泽里格·哈里斯的形式主义

美国的结构主义者与他们的欧洲同行完全相反,他们对于词语和表达的意义与功能完全不感兴趣,而更愿意将焦点集中在语言形式本身。这一学术品位经过哈里斯(1909—1992)这位与众不同的美国语言学家的发展,变得趋于极端,哈里斯尤其感兴趣的是一种高度形式化的语言分析,这种分析甚至类似于代数。

哈里斯的研究兴趣主要在于句群与句群之间的关系。他的一个研究方法就是将句子分解成小句子。比如说,我们要(十分宽泛地)表明,一个复杂的句子如何能够与一个相对简单的句子相关,就可以使用一系列剥离语料的做法:

1 **The attitudes that people in**
T　　　N　　　WH　　N　　　P
power express are for public
N　　　tVn　　tVb　　P　　A
effect
N

2 **Attitudes that people**
N　　　WH　　N
express are for effect
tVn　　tVb　　P　　N

3 **Attitudes are for effect**
N　　　tVb　　P　　N

大多数语言学同行都认为哈里斯的著作既古怪又极端,但是它确实对哈里斯的学生产生了深远影响,其中的一位年轻人就是乔姆斯基(生于1928 年)。

乔姆斯基的生成语法

20 世纪 50 年代，乔姆斯基采取哈里斯的形式主义方法，并将其与数学领域的某些观点相结合，而他一直同时研究数学和语言学。这就产生了描述和研究语言（尤其是句法结构）的全新方式。

> 我把我创立的研究方式称为"**生成语法**"。

乔姆斯基于 1957 年出版了一部简洁的著作《句法结构》(*Syntactic Structures*)，他在该书中介绍了"生成的"观点。

什么是"生成语法"？

一种语言（比如说英语）的"生成语法"就是尝试为那些支配英语句子构造的规则提供一个足够清楚的、机械论的说明。也就是说，语法规则必须确切地告诉我们，什么可以被看作一个符合语法规则的英语句子，同时能够排除所有不是英语句子的形式。

> 所以，构造一种生成语法就要求我们制定具有一定明晰性和准确性的规则，而我们的前人从未达到过这种程度的明晰和准确。

这里来看一个简要的例子，是英语生成语法的一个片段。

1. S --> NP VP
2. NP --> Det N'
3. N' --> A N
4. N' --> N
5. VP --> V NP

比如说，第一条规则认为"一个句子可以由一个名词词组跟一个动词词组构成"。其他的规则告诉我们什么可以算作名词词组，什么可以算作动词词组。这里我们可以举几个名词词组的例子：

the little girl　　Posh Spice　　the last Russian emperor

小女孩　　　　辣妹　　　　最后一位俄国皇帝

my cat　　a mischievous elf

我的猫　　一个淘气的精灵

这里还有几个动词词组的例子：

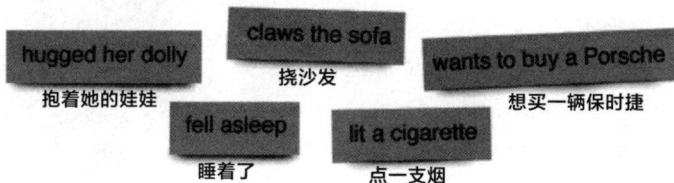

hugged her dolly　　claws the sofa　　wants to buy a Porsche

抱着她的娃娃　　挠沙发　　　　想买一辆保时捷

fell asleep　　lit a cigarette

睡着了　　点一支烟

我们设计了上述规则，以确保哪些成分能够一起构成英语句子、哪些不能。比如说，可以构成句子的有：

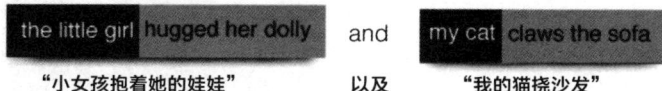

the little girl hugged her dolly　　and　　my cat claws the sofa

"小女孩抱着她的娃娃"　　以及　　"我的猫挠沙发"

（当然，还有一些在语法上可以构成英语句子，不过意思有点儿莫名其妙，比如"辣妹挠沙发"和"我的猫想买一辆保时捷"）。

但是比如 Destroyed the city our enemies 和 Little the girl her dolly hugged 就不合乎英语的语法。

转换语法

生成语法可以被界定为很多不同的类型，各个种类采取的规则也有所不同。前一页的例子就是某种不受语境影响的、以词组构成的语法片段，用这种类型来做说明格外方便。不过乔姆斯基本人拒绝这种类型的例子，因为它太简单了，无法把握到语言活动中的重要事实。

> 相反，我发展出一种更为强大的生成语法，将其称为"转换语法"（或者简称 TG）。

TG 采取了极为强大的规则。比如说，如果我们要把

The police arrested Susie.

（警方逮捕了苏西。）

转换成

Susie was arrested by the police.

（苏西遭到警方逮捕。）

仅用一条转换规则就可以做到以下所有转换：

将 the police 移到句末。

the police 前面插入 by。

将 Susie 移到句首。

加入时态标记，将系动词 be 变成过去式 was。

将过去式动词 arrested 变成分词形式 arrested。（arrest 的这两个形式恰好相同，但是下面两句话中的动词就会有所区别：The police took Susie，变成 Susie was taken by the police。）

乔姆斯基的理论计划

一套好的语法理论最重要的地方在于，它有能力告诉我们，在各种人类语言的语法当中，什么是可能出现的，什么是不可能出现的。乔姆斯基本人在 20 世纪 50 年代对若干语法理论进行了界定，并按其效力加以排序。他的要点如下：

有些语法理论太弱，所以无法处理各种人类语言的语法中发生的特定现象。

有些理论又太强，连那些从未在人类语言中出现的现象都能处理。

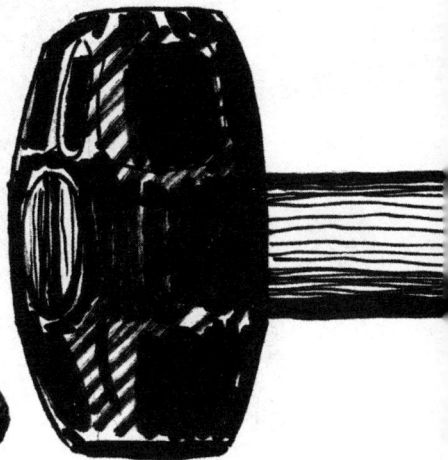

我们想要的其实就是恰到好处的理论：这种语法理论能够处理人类语言中出现的各种语法特性。当我们发现这样的理论时，我们其实就获得了关于人类语言的语法的最佳理论（或是模型）。

TG 理论的悖论

　　乔姆斯基认为，他自己的"转换语法"（TG）就提供了这样一种最为恰当的理论。但是到了 1969 年，数学语言学家斯坦利·彼得斯和罗伯特·里奇表明，TG 理论是如此强大，以至于一般来说，它完全可以描述一切事物并且被一切事物描述。

　　这样的话，该理论就没有什么吸引力了。但是，问题在哪儿呢？简单说来，问题就在于，这妨碍了好的语法理论实现其目的，也就是告诉我们，在人类语言中，什么是可能出现的，什么是不可能出现的。

　　一套过于强大的理论实际上就是在宣告，没有什么是不能在人类语言中出现的，而且毫无疑问，任何事情都是可能的。这其实就是说，人类的语法完全没有任何可识别的特性。一句话，TG 理论等于啥都没说！

功能路径

面对难以系统化的数据，乔姆斯基及其同行不得不反复修改他们的观点。有些批评家一直都怀有一个疑问："生成语法"究竟能否成功地付诸实施？

出于上述原因（以及其他原因），很多语言学家更愿意避开那种被他们视为"过度形式主义"的方法，而愿意采取一个更加关注人的研究方法，也就是将研究的焦点更直接地集中在以下问题：当人们说话的时候，他们想要做什么？他们如何着手实现这个目标？

这种方法就是功能路径（functional approach），受到很多语言学家的青睐。这些语言学家试图确定，一门语言能帮助人们实现什么样的目的，以及为了实现语言的这些功能，人们又能采取什么样的语言形式。

但是我们用"语言的功能"来指什么呢？当人们被问到使用语言的目的是什么，大多数人会给出同样的回答：是为了交流。但是这个回答过于简单了。我们考虑一个非常典型的、真实语言应用的例子，它记录了（英国）伯明翰的一家酒吧里发生的谈话。米克刚刚丢了饮酒和驾驶执照，他和妻子丽塔一起同罗伊聊天。方括号中的语料并不是谈话中实际发生的内容，而是后来插入的，作为说明。

有一次吃午饭的时候我就喝了大概九品脱，不对，是九品脱啤酒，加上一些雪利酒，然后我通过了测试，对，我的结果是阴性的，然后就过了[呼气测试]。那也就是几年以前的事儿吧，但是这一次，你可得当心[你看，我就没通过测试]。

照这样下去，他也就再来个两三品脱[然后他就醉了]。

因为他每天都喝酒，酒精都留在他身体里了。

这下好了吧！你得改改了！

别再喝了。

这真的让我觉得很丢人。

你得开始控制自己，得知道什么时候该停下来，不能再喝了。

043

"功能"传达了什么？

　　这场对话传递的信息很少，而且所传达的信息对于接受者来说几乎不可能是必要的信息。

　　米克所做的主要就是试图保持和朋友之间的友好关系……

　　……而他的妻子丽塔主要是在努力改变米克的行为。

　　而对于大多数语言运用来说，这些目标（比如维持友好关系以及试图劝说人们去做某些事情）远比单纯地"传达事实"更为典型。

功能主义的方式认为，决定究竟什么是合乎语法的、什么不是合乎语法的，这并没有什么重要性。相反，它关注的是说话者的需求，注意的是满足这些需求的语言方式。如果要用功能主义的方式来说明之前引用的对话段落，可以先提出几个简单的问题：

米克和丽塔想要做什么？

英语能为满足这些目标提供什么策略？

为什么这些谈话者选择了某种特定策略？

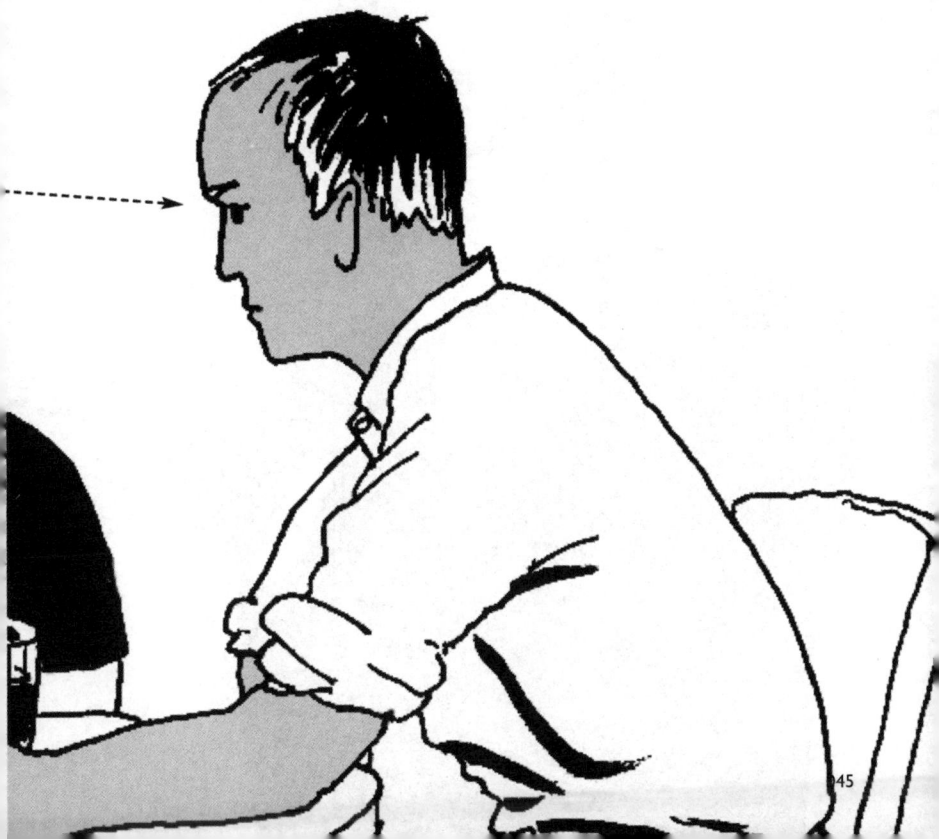

系统功能语言学：文本

　　最为突出的功能路径之一被称为"系统功能语言学"（Systemic Functional Linguistics）。这种路径由英国语言学家迈克尔·韩礼德（1925—2018）加以发展，并在英国以及英联邦国家成为主流——不过在美国则并非如此，美国的功能主义语言学家偏爱的路径有所不同。

> 系统功能语言学就像其他功能路径一样，都将**文本**看作分析的基本单元。

Fig. A-1 The 'silver' text

Step 1
// 4 ∧ in / this job / Anne we're // I working with // silver //

Step 2
// 1 ∧ now / silver / needs to have / love // [// 1 yea //]
// 3 you / know ∧ the // 4 people that / buy silver // 1 love it //

// 1 yea // 1 guess they / would //

Step 3
// 1 yea // 1 mm / ∧ well / naturally I / mean to / say that it's // 13 got a
/ lovely / gleam a/bout it you / know // 3 ∧ and / if they come /
in they're // 1 usually / people who / love / beautiful / things //

Step 4
// 1 ∧ so / you / have to be / beautiful / with it you / know //
1 ∧ and you / sell it with / beauty //

// 1 um //

Step 5
// 1 ∧ you / ∧ I'm / sure you know / how to do // 4 that // ∧
// 1 oh but you / must //

Step 6
// 1 let's hear / ∧ / let's hear / ∧ / look / ∧ you say // 1 madam //
5 isn't / that / beautiful //

Step 7
// 4 ∧ if / you sug/gest it's beautiful // 1 they / see it as / beautiful //

　　这种路径发展了分析文本的有效方式——这个主题完全超出了形式主义路径的范围（比如乔姆斯基的那种形式主义），因为令各文本共同成立的规则，不可能像令句子成立的规则那样严格地加以形式化。

认知语言学

　　另一种相当不同的路径则在最近几年才成为主流，这就是认知语言学（cognitive linguistics）。认知语言学的研究兴趣在于诉诸人类的感觉与认知来理解语言的结构和功能。

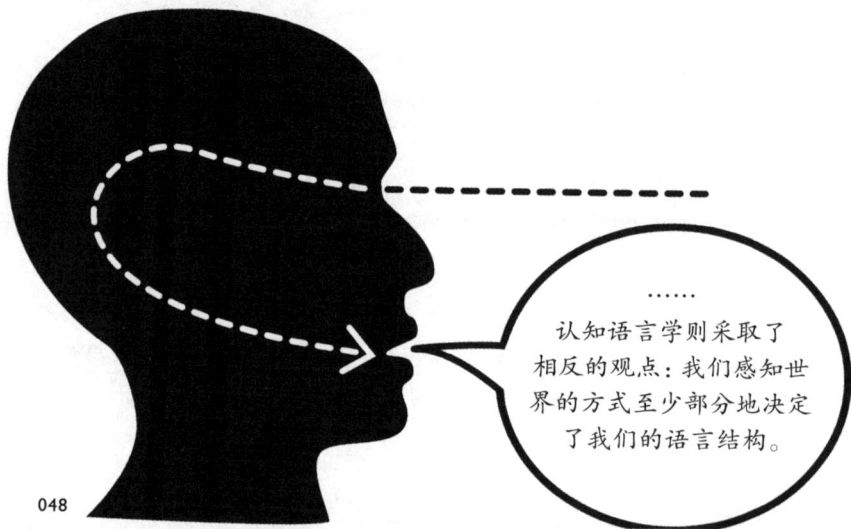

推动认知语言学发展的重要人物是美国语言学家乔治·莱考夫（生于1941年）。他曾经是乔姆斯基主义者，后来研究兴趣有所改变。在其著名作品《女人、火与危险事物》（*Women, Fire and Dangerous Things*）当中，莱考夫引导读者注意到，澳大利亚迪尔巴尔语有一个奇怪的特征，数年之前，英国语言学家鲍勃·迪克森就对这种语言做过描述。如同很多欧洲语言一样，迪尔巴尔语具有语法性别：也就是说，每一个名词必须被指定一个既有的性别。在欧洲语言中，一个名词的性别通常是无法根据其含义加以推断的。

比如说，我们无法推断table（桌子）这个词的性别。这个词在德语中是阳性的，在法语中是阴性的，而在希腊语中是中性的。

迪尔巴尔语的名词性别

迪尔巴尔语有四个性别，而且一个名词的性别是可以由其含义推断出来的，不过其中的规则十分奇特。比如说，四种性别当中的一类被迪克森称为"第二类"（class II），它包含了所有与女性有关的名词、所有关于火的名词以及一切用于指代危险事物的名词，比如毒蛇、刺荨麻等。

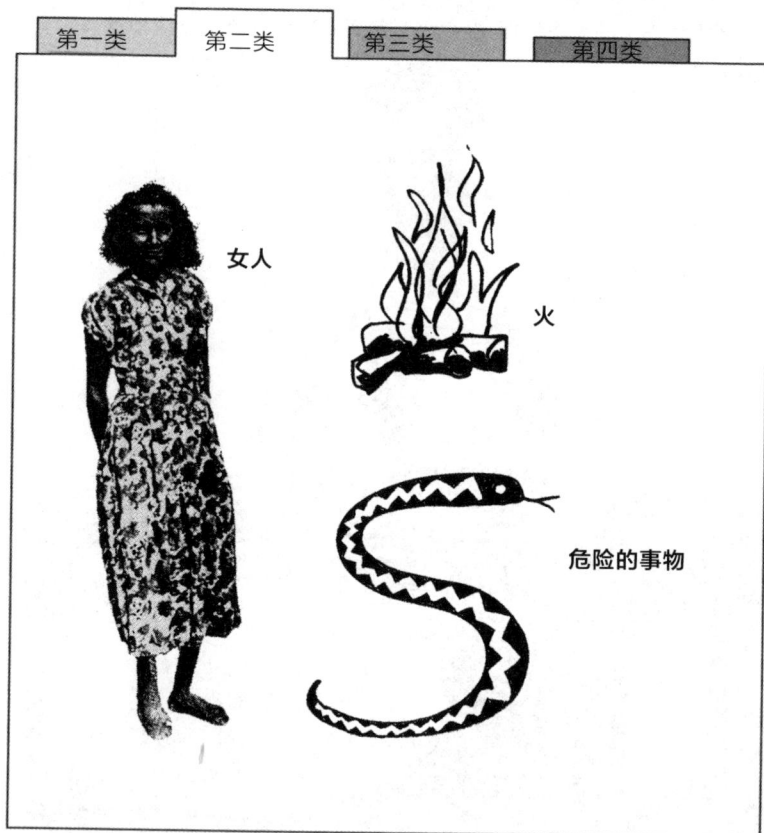

第一类　　第二类　　第三类　　第四类

女人

火

危险的事物

莱考夫感到奇怪的是，在迪尔巴尔人对于世界的认识当中，究竟是什么令他们将这些词语归为同一类。我们并不清楚答案是什么，但是认知语言学家相信，大量的语言结构可以由认知来加以解释。

语言认知差异

　　我们来看一个例子。在英语当中，如果我们说某个事物在我们"前面"，我们通常是指该事物在未来，而在我们"后面"的事物是在过去。这个说法对我们来说是如此自然，所以我们很少去思考它。但是并非所有的语言都有同样的表达。

　　古希腊人的表达方式就恰好相反。

对我们来说，未来在我们"后面"，过去在我们"前面"。

古希腊人对于时间的认知

答案似乎在于人们感知时间的方式不同。我们这些说英语的人似乎是将时间理解为静止不动的，而我们不断地向前经过时间。

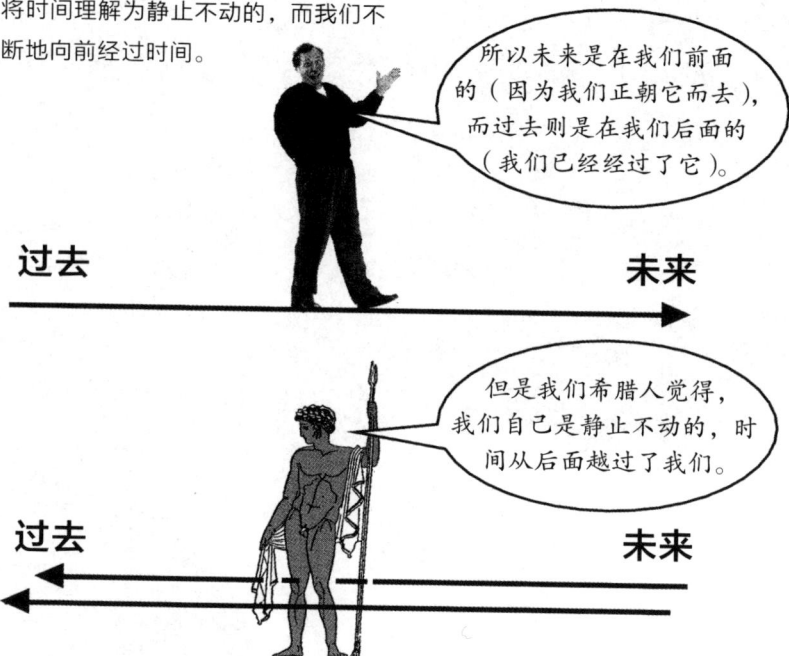

所以未来是在我们前面的（因为我们正朝它而去），而过去则是在我们后面的（我们已经经过了它）。

过去 ←——————————————→ 未来

但是我们希腊人觉得，我们自己是静止不动的，时间从后面越过了我们。

过去 ←——————————— 未来

所以，未来始终在希腊人身后（而且是不可见的），而过去总在他们面前（因此是可见的，至少在某种意义上是这样）。

因此，这个显著的语言差异产生了两种对于时间过程的不同感知：一种是我们自己穿过时间，另一种则是时间越过我们。而认知语言学家相信，这样的认知差异可能会体现为语言结构上的差异，就像这个例子一样。

隐喻

这里的关键概念是隐喻（metaphor）。我们和古希腊人都用了不同的隐喻来说明时间，而隐喻（确切地说是认知性的隐喻）则在很多认知性的工作中发挥着关键作用。

这里还有一个来自英语的认知性隐喻。在英语中，愤怒通常被感知为（用隐喻的方式来说）我们体内的某种火热液体。与此相应，我们会说……

She's really steamed up.
（她简直气得七窍生烟。）

She's boiling.
（她火冒三丈。）

以及

She blew her top.
（她都气炸了。）

对于这类惯用语来说，如果没有把握其背后的认知性隐喻，那就无法理解。

语言是什么？

形式主义、功能主义以及认知路径只是三种主要的方式，正是通过这些方式，语言学试图把握人类语言的丰富而复杂的本质。至此，我们已经理所当然地认为，我们知道语言是什么。但是事实并非如此明晰。我们现在需要澄清，我们用"语言"这个词指什么。

语言学是对语言的科学研究——可是语言是什么呢？在这里，"语言"（language）这个词是否包括以下事物？例如——

花语？

舞蹈语言？

海豚的语言？

是否包括像世界语（Esperanto）这样的人造语言？

答案是否定的：语言不包括上面这些例子。

自然语言

"语言"这个词是语言家（指语言学的践行者）在非常特定的意义上使用的。我们可以先来看一下个别语言。个别语言（individual language）就是（或者曾经是）一群人所使用的母语。语言学家经常用"自然语言"（natural language）这个更确切的词语来表示这个意义上的"语言"。所以，英语是一种自然语言，法语也是，日语、斯瓦希里语以及皮坚加加拉语（Pitjantjatjara，澳大利亚西部的一种语言）都是自然语言。

同样，苏美尔语也是自然语言，虽然它很久以前就消亡了，但是数千年之前，这种语言曾经是很多居住在现在伊拉克地区的人所使用的母语。

马恩岛语（Manx）也是自然语言，居住在这座岛上的人直到 20 世纪还在使用这种语言，但是现在也灭绝了。

我们的语言能力

　　我们很快就会看到，所有这些自然语言都具有共同的重要特征，这些特征是如此众多，因此我们可以将它们都看成是一个主题的不同变种。而这个共同的"主题"就是我们称为"语言"的东西。

我们的语言能力就是我们学习并使用一种语言的能力。

而这正是将人类与地球上其他一切生物区分开来的特征之一。

　　事实上，很多人都会认为，我们这种独特的语言能力也就是我们最重要的特征，这个特征最终将我们与其他物种区分开来。

一门语言是拥有十亿使用者（比如汉语普通话），还是只有少数使用者（比如澳大利亚和美洲的某些语言），这并不重要。一门语言是某一个（或多个）国家的主要语言（比如西班牙语和阿拉伯语），还是只有某些鲜为人知的、不知名的族群使用它（例如巴西的希什凯利阿纳语和瓦利语），也不重要。一门语言是具有长期的、光辉的文学传统（比如英语和法语），还是从来不曾被书写记录（例如世界上的大多数语言），也并不重要。

唯一重要的就是，一门语言应当由一群孩子在童年时期加以学习，然后在成年时期加以运用，这样它就可以算作一门自然语言。

对语言家来说，所有的语言都是平等的，因为它们都为我们认识人类语言的样貌提供了同样出色的洞见。

人类语言的特殊之处

世界上有多少种语言？就目前来说已经超过了 6500 种。我们可能已经发现了几乎所有目前还在使用的语言。

不过有时候还会出现新的语言。

肯定的，总数并不是固定的。

总有语言死去，因为使用者会放弃这些语言，转而使用其他语言。

与此同时，新语言也在不断产生。

巴西的皮拉罕语在 1995 年才被美国语言学家埃弗雷特（Dan Everett）发现。

在本书后面的部分，我们将认识一门 1979 年之后才出现的语言。

为什么人类的语言如此特别？毕竟，大多数生物都能用某种方式与同类交流。鸟儿可以鸣唱，蟋蟀可以唧唧，海豚发出咔嗒声，黑长尾猴则用一些十分特别的叫声来传递意义，比如……

小心！老鹰！

就连蜜蜂都拥有一套令人惊异的、有效的信息系统，来告诉它们的同巢伙伴，花蜜的位置在哪儿、质量如何。

语言有什么共同之处?

20 世纪 60 年代前后，美国语言学家查尔斯·霍凯特（1916—2000）首先指出，所有的人类语言都具有大量鲜明而重要的特性，而地球上其他一切生物的信息传递系统都不具备这些特征。霍凯特将这些特性称为语言的"设计特征"（design features），这里我们可以看一些例子。

所有语言都有单词，而且所有的语言都拥有至少数千个单词。

> 那些传说中由 200 个词汇构成，辅以语气词和手势的"原始"语言，如今已经不存在了。

> 其他生物看来没有"词汇"这种东西。

一切语言都有办法来获取必要的新词汇：

CD–ROM（只读光盘）**, Trekkie**（星际迷）**, trainspotter**（火车迷）**, AIDS**（艾滋病）**, soundbite**（发言摘要）**, hyperthermophile**（超嗜热生物）

其他生物则无法做到这一点。

所有的语言都有不同的方式来修改词语的意义：

take, took, have taken, is taking, will be taken

其他生物则做不到这一点。

所有的语言都具有否定形式：

Susie smokes.（苏西抽烟。）
Susie doesn't smoke.（苏西不抽烟。）

但是只有我们才使用否定。狗狗可以说……

汪!

"不汪!"

但是它没法说

所有的语言都可以形成问题：

Does Susie smoke? （苏西抽烟吗？）

所有的语言都可以抽象化，比如

redness, curvature and absence.

（红，曲率和缺乏。）

所有的语言都可以接受移位，可以讨论那些不在此时此地的事物。

I was in Paris last week. （我上周在巴黎。）

I want to be an astronomer when I grow up. （我长大了想当天文学家。）

What do you suppose the surface of Venus is like?

（你觉得金星的表面会是什么样？）

所有的语言都可以采取假设的、反事实的、条件性的、不真实的以及虚构的表达。

（精灵王莱格拉斯默默地拔出了他的剑。）

Legolas the elf quietly drew his sword.

（欧洲人在澳大利亚沙漠恐怕活不下去。）

Europeans could not survive in the Australian desert.

（我的法语要是好一点，我就能在巴黎找份工作了。）

If I spoke better French, I could get a job in Paris.

If you'll cook the quiche, I'll make the salad.

（你要是做馅饼的话，我就来做沙拉。）

所有的语言都呈现出一种开放性（open-endedness），也就是一种能够毫无困难地产生和理解全新表达的能力。

Luxembourg has invaded New Zealand.

（卢森堡公国侵入了新西兰。）

Shakespeare wrote his plays in Swahili, and they were translated into English by his African bodyguards.

（莎士比亚用斯瓦希里语写作他的戏剧，他的非洲保镖将这些戏剧译成了英文。）

Aunt Bea has sent us some photos of her granddaughter's christening.

（贝阿姨妈发给我们一些她的孙女受洗时的照片。）

I find that peanut butter is a poor substitute for putty.

（我觉得用花生酱来代替油灰挺糟糕的。）

这本书中的大部分句子很可能都是你此前从未用过或是听过的，但你很容易就能理解它们的意思。

所有的语言都展现出一种"回应刺激的自由"（stimulus-freedom），指的是一种可以在任何情况下说出任何事物（也可以什么都不说）的能力。如果你的朋友茉莉亚问你……

> 你觉得我的新裙子怎么样？

……你可以按照自己的心意给出各种回答：

> 太短了。

> 跟你的上衣不太搭。

> 这要是还不能让弗兰克注意到你，那就没什么能吸引他的注意了。

> 太漂亮了——能借我穿吗？

> 天，茉莉亚——你的腿太粗了，你应该只穿长裙。

> 才 2 月份啊，你不冷吗？

语言能力

　　其他生物无法完成上述事情，但是所有的人类成员都可以：牛津大学的教授或者芝加哥的股票经纪人能够轻松做到这些事情，石器时代的新几内亚或亚马孙地区的部落成员也可以，西伯利亚的七岁小孩也可以。语言是特属于人类的……

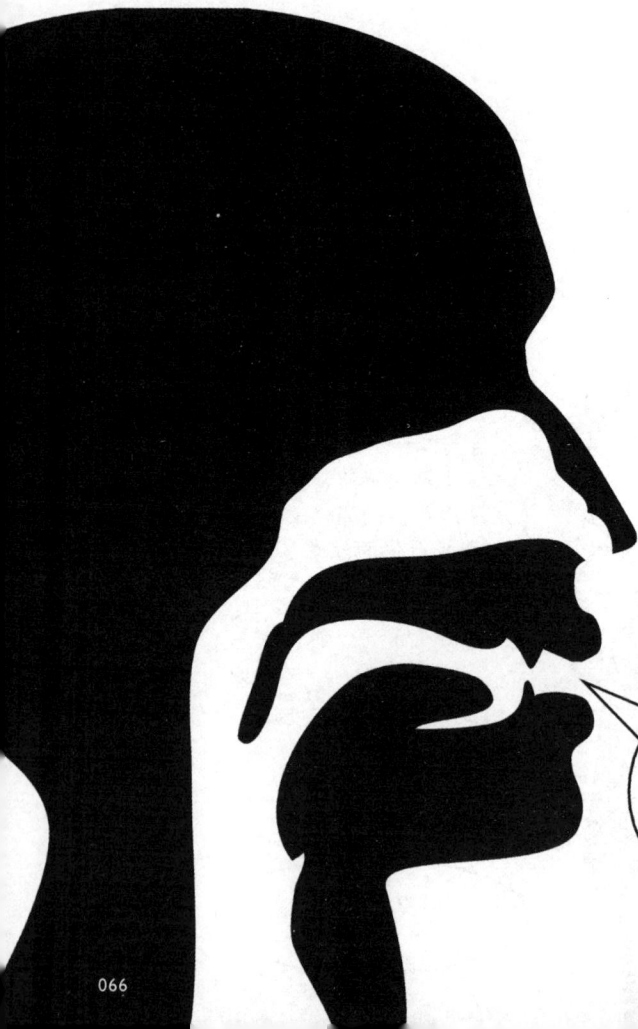

语言介质

语言必须通过*中间物*（medium）才能表达。*最基本的中间物*也就是某种可以从中获得母语的介质，而且只有两种基本介质。我们更为熟悉的是*语音*（speech）。在发音过程中，来自肺部的气息是经过挤压并从口腔和鼻腔发出的，当发音结束，舌头和其他发音器官用不同的方式影响气流，由此产生一系列的语音，它代表了更大的语言单元，例如词汇和句子。

另一种基本介质则是*手势*（signing），其中语言表现为一系列的符号（也就是示意动作），它主要由手、头部、面部和上半身的动作构成。

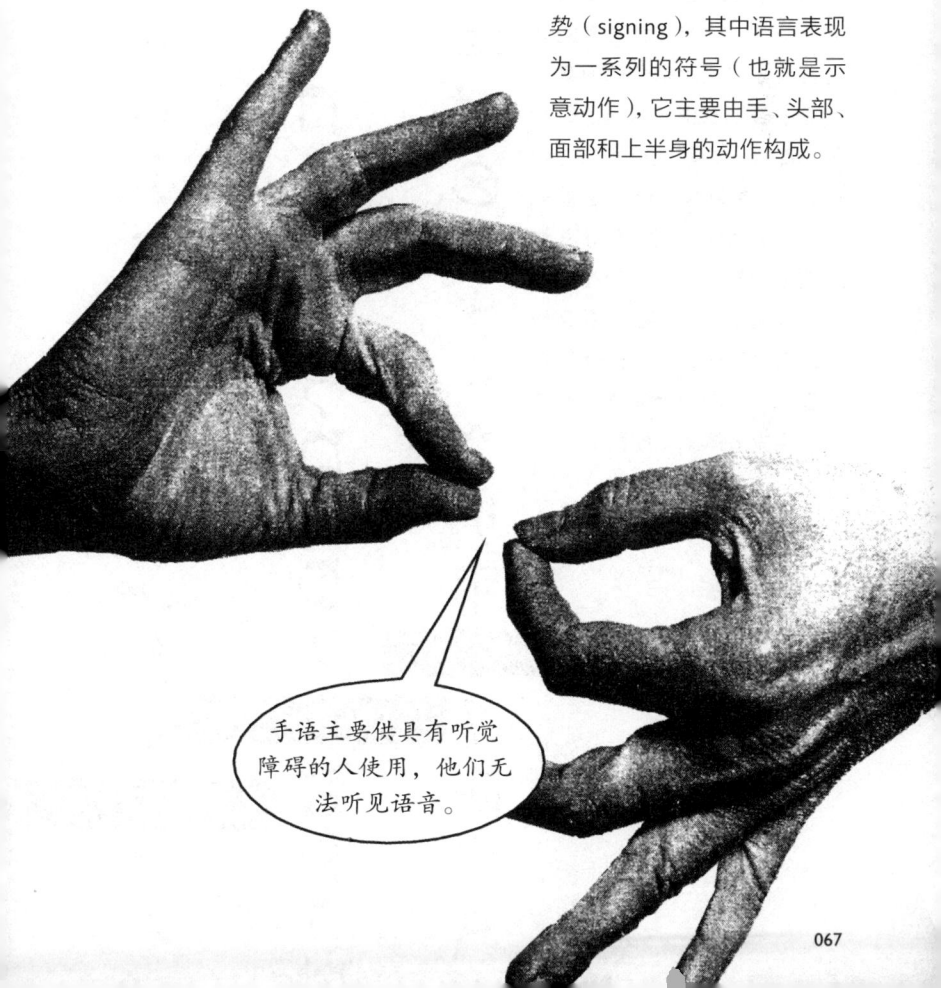

手语主要供具有听觉障碍的人使用，他们无法听见语音。

书写单元

　　还有两种次级介质，语言由此从一种基本介质转换为另一种基本介质。人们最熟悉的次级介质就是书写，通过书写，经过言说或示意的语言就在某种固体表面转化为永久标记。但是，除非一种语言的使用者首先将该语言分解为某种反复不断地发生的单元（每个单元都有一种写作符号与之相对应），否则语言就无法被记录下来。我们或许还有其他方法来做到这一点，但是今天人们运用最多的方法还是字母表，其中每一个记录的字符都代表着一个单一的基本发音单元（至少大体上是如此）。

古代腓尼基语字母表

现代希伯来语字母表

现代阿拉伯语字母表

每一种口语都包含了少数基本的语音单元（或者说音素）。/k/、/æ/ 和 /t/ 都是英语的音素。如果我们按照 /kæt/ 的顺序来组合这些因素，我们就有了单词 cat（猫）。但是如果按照 /tæk/ 的顺序，就有了 tack（大头针）这个词。/ækt/ 会形成 act（动作），/æt/ 形成 at（在某处、某时），/tækt/ 则形成 tact（机智）或 tacked（钉住）——虽然这两个词的结构不同，但是发音相同。

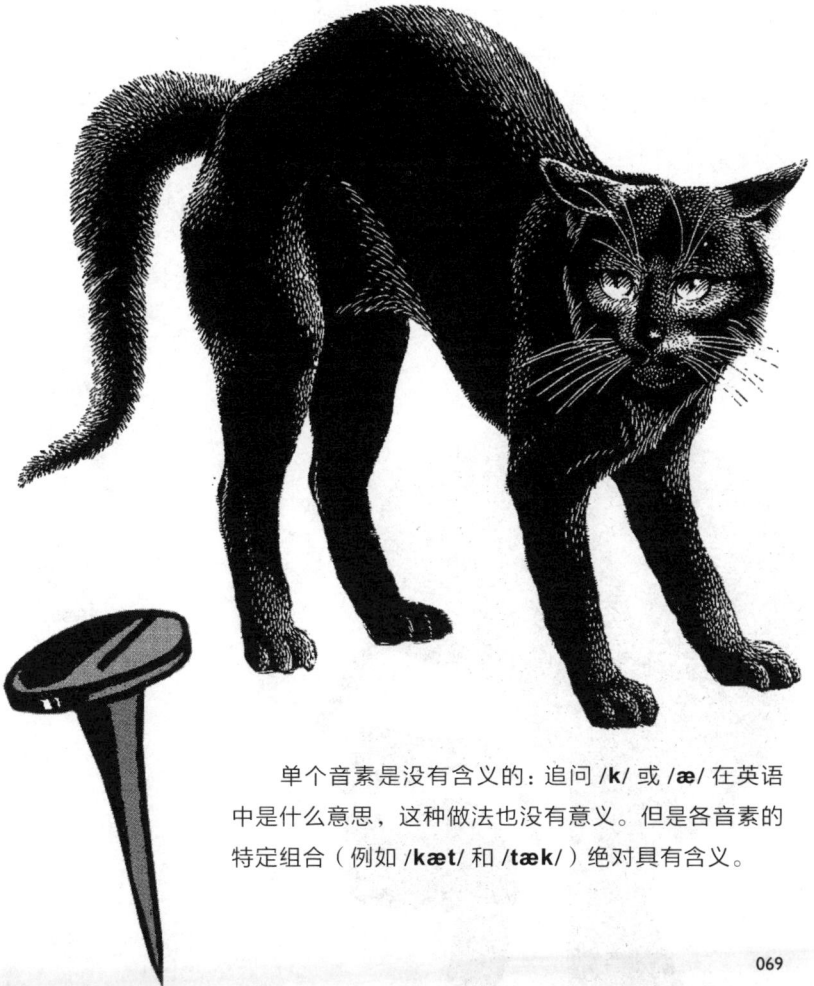

　　单个音素是没有含义的：追问 /k/ 或 /æ/ 在英语中是什么意思，这种做法也没有意义。但是各音素的特定组合（例如 /kæt/ 和 /tæk/）绝对具有含义。

结构的二重性

每一种口语都是用这种方式构造起来的。少数无意义的音素可以构成具有意义的序列，比如词语。我们将这种构造方式称为"结构的二重性"，只有人类语言才具有这种二重性。

如果没有这种二重性会怎么样呢？这么说吧，那样的话，每一个不同的声音就必须具有它自己的含义。但是我们只能造出一百来个容易识别的语音，不能再多了。

> 所以如果没有二重性，我们的语言可能就只有一百多个含义不同的"词语"——这肯定不足以实现我们的交流目的。

不过，非人类的生物种群正是这样的。他们的方式就是"一个声音，一个含义"，因此他们就只能造出为数不多的不同含义：通常只能从 3 到 6，可能最多不超过 20。所以，我们之所以能够说出无限数量的不同事物（而其他生物无法做到这一点），这是一个主要原因。一只动物要"说"的东西，只能从非常有限的事物中选择。一只猴子可以说……

小心！天上有危险！

　　……条件是这个信息可以从系统中获取，但是它不可能做出哪怕最低程度的创新，比如它不可能说出："小心！两个带着步枪的猎人！"

手语

　　手语则有一些不同之处。可能使用的手势要远远多于可能使用的语音。即便如此，每一个手势都可以分解为为数不多的无意义的要素，例如手的位置、运动方向和运动速度，以及所接触的其他身体部位。

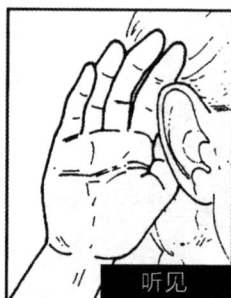
听见

听

听觉

听不见

英国手语（BSL）

噪音

忽略

顺便一说，手语并不是粗糙简略的天然语言，也不是衍生的语言系统。一门手语就是一门真正的语言，就像英语和西班牙语一样。孩童可以将手语作为第一语言加以习得。一门手语具有广泛的词汇量，具有丰富且复杂的语法体系：在手语中，破坏语法规则就像在口语中一样糟糕。

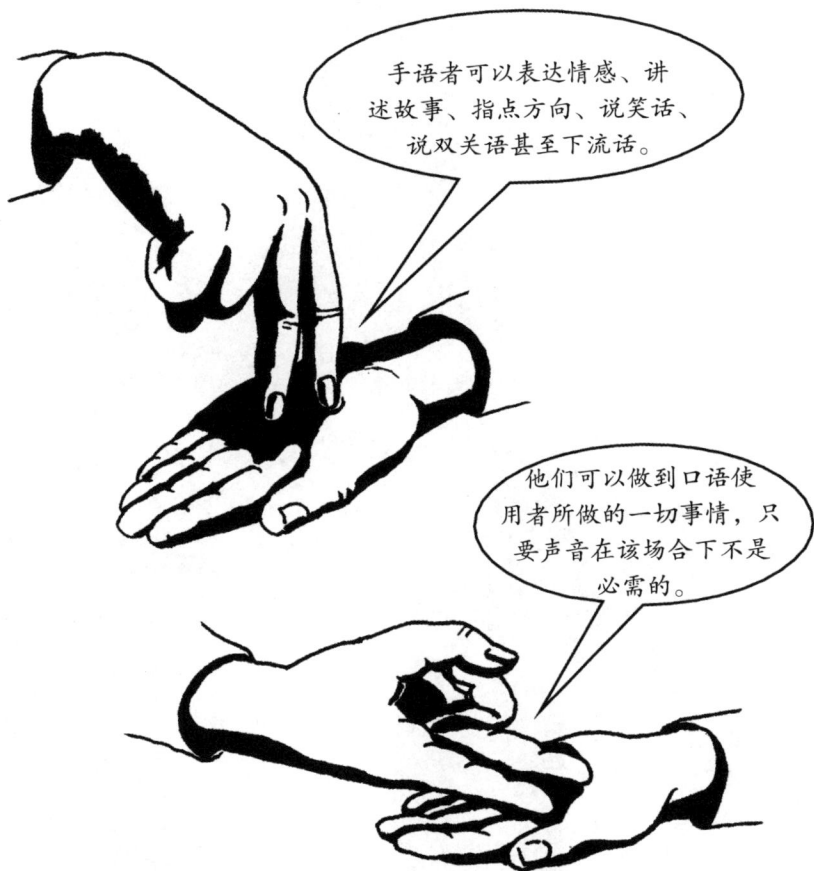

手语者可以表达情感、讲述故事、指点方向、说笑话、说双关语甚至下流话。

他们可以做到口语使用者所做的一切事情，只要声音在该场合下不是必需的。

　　当然，手语在黑暗的情况下并不是很方便，但是口语在震耳欲聋的噪音环境下也同样不方便——而这种环境对手语者来说就没问题。

尼加拉瓜手语

碰巧的是，世界上最新发现的自然语言就是一门手语。在 1979 年尼加拉瓜革命之后，新政府召集了上百个有听力障碍的孩子（他们在旧政权时期遭到了残忍的隔离），然后将他们统一送往一所特殊学校。令人吃惊的是，在很短的时间内，这些有听力障碍的孩子开始建构出一门全新的手语。

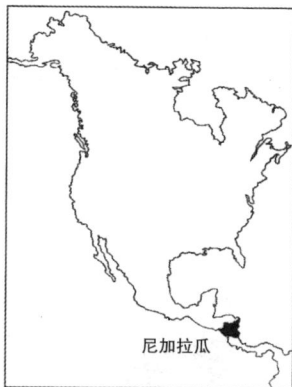

尼加拉瓜

我们用它交流。

很快我们就开始教新来的人使用这门语言。

这些孩子成了最先使用尼加拉瓜手语（NSL）的人，而这门语言如今已经得到了命名。NSL 在 1979 年之前尚未产生，而今天已经有了数百位本土使用者。

语法与词序

语言最重要的一个特性就是语法。语法就是一系列的规则，用于将单词进行组合以形成句子，为了具体的目的而修改单词的形式，并对结果进行解释。每一门语言都有一套语法——事实上，每一门语言都有很多套语法。没有任何语言不具有语法或只有很少的语法。但是语法规则在不同的语言中也有所不同。

就拿词序来说吧。在英语中，只有一种标准的句子顺序，即：主语（subject）— 动词（verb）— 宾语（object），这个顺序也可简称为 SVO，比如……

Mike washed the car

（迈克洗了车）。

Mike
迈克

是主语

washed
洗

是动词

the car
车

是宾语

但是其他语言可能有所不同。

词序和方位的不同例子

爱尔兰语的结构是 VSO，一个讲爱尔兰语的人说出的句子按字面顺序如下：

Washed / Mike / the car. 洗 / 迈克 / 车。

日语的结构是 SOV，形成的句子如下：

Mike / the car / washed. 迈克 / 车 / 洗。

马达加斯加语的结构是 VOS，形成的句子就是：

Washed / the car / Mike. 洗 / 车 / 迈克。

巴西的希什凯利阿纳语的结构是 OVS，于是我们就得到了：

The car / washed / Mike. 车 / 洗 / 迈克。

在上述语言当中，英语的句序是错的，就像这些语言的句序在英语中是错的一样。

我们还可以考虑一下空间位置。在英语中，我们通过在地点名称之前加一个有语法功能的小词，就可以表示方位，比如

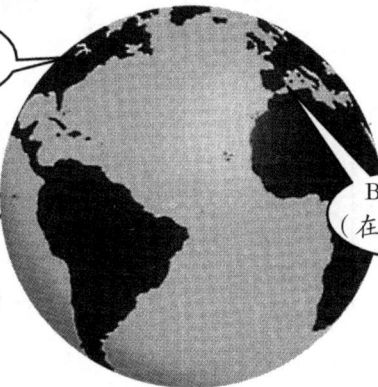

in Chicago
（在芝加哥）

而在日语中，小词往往跟在地点名称之后，比如

Tookyoo de
（在东京）

（西欧的）巴斯克语使用后缀来表示方位：

Baionan
（在巴约拿）

在巴约拿，后缀 -n 意为"在某地"。

时态与时间

我们还可以考虑一下时态，这是表示时间的语法标志。在英语中，我们只有一种过去式形式：我说 I saw John（我见到了约翰），无论我是 10 分钟之前看到他，还是 10 年前看到他。但是有些语言的区分更加精细。在欧洲的西班牙语中，如果你是在今天较早的时候看到约翰，你必须要说 Le he visto a Juan，但如果你是在今天之前看到他，就得说 Le vi a Juan。在新几内亚的伊马斯语当中，有四种不同的过去式形式，每一种都对过去时间的久远程度做出了区分。

在非洲的巴米勒克 – 第尚语当中，有五种过去时形式。与此相比，汉语没有任何时态标记：在汉语中，没有 see 和 saw 这样的区分。

语法差异

在英语中，如果我们想要提起之前说过的某人或某物，我们就必须选择同一性别的代词：男性用 he，女性用 she，无性别的事物则用 it。就此而言，英语将性别语法化了。

不过，在芬兰语中，所有情况下都用 hän 这个词来指代：芬兰语不标示性别。

在西班牙北部，巴斯克语也不标示性别，但是在这种语言中，你必须做出不同的选择：如果一个人或事物离你比较近，那就用 hau 这个词；如果距离居中，那就用 hori；如果离得很远则用 hura。巴斯克语将距离（而不是性别）语法化了。

在北美地区的夸扣特尔语中，你要做的选择又是另一种：如果你能看到正在谈论的人或事物，那就用某种形式来加以指代；如果看不见则用另一种形式。夸扣特尔语将"可见性"（visibility）语法化了。

在通常的英语中，He's sick（他生病了）这个句子既可以指"他现在生病了"，也可以指"他长期在生病"。如果我们需要加以区分的话，就必须往句子中添加其他单词。不过，在非裔美国人所使用的英语（AAE）中，这种差别也被语法化了。

非裔美国人会说 He sick 来表示第一种意思（现在生病了），而用 He be sick 来表达第二种意思（长期生病）。

英语语法的规则对于所有的英语使用者来说也并不完全相同。

在美国手语中，表示"生病"的手势可以用很多方式来进行语法层面的修改，从而生成各种形式，表达诸如 slightly sick（小病）、very sick（重病）、always sick（总是生病）、sick for a long time（病了很久）以及其他可能情况。在英语中，所有这些含义都需要添加单词才能表达。手语就像口语一样，具有丰富而复杂的语法系统。

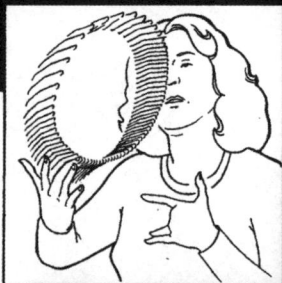

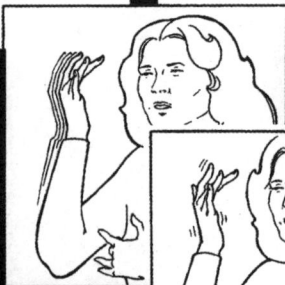

人类杰出的语言能力是我们这个物种独有的。但是语言是什么时候产生的呢？没有人知道答案。

5 万年前

10 万年前

多数人认同一种猜测：在 10 万年到 20 万年之前，语言和我们这个物种（智人）一起产生。

20 万年前

但是少数专家认为，人类的老祖先、直立猿人在大约 100 万年以前就有了语言。

还有一些专家相信，我们人类直到大约 5 万年前才第一次有了语言。

对于这场争论，目前仍看不到有任何定论。很不幸，语言是无法形成化石的。

100 万年前

语言的书写记录

要探究我们漫长的语言历史，其实非常困难。一方面，书写这种方式直到 5000 多年以前才产生，而我们在此之前的语言历史没有任何记录。事实上，直到最近，世界上只有极少的人能够读和写，即使在今天，也只有几十种语言得以进行常规的书写记录。大多数语言从未被书写过，因此对于整个世界的绝大部分语言的历史，我们都没有掌握任何记录。

不过书写方式本身也是在改变的。

语言总在变化，不仅每个世纪都有变化，而且每天都在改变。我们看一下乔纳森·斯威夫特在 18 世纪时写下的这段话：

But where I say, that I would have our Language, after it is duly correct, always to last; I do not mean that it should never be enlarged: Provided, that no Word which a Society shall give a Sanction to, be afterwards antiquated and exploded, they may have liberty to receive whatever new ones they shall find occasion for.

我们可以理解其中的大部分，但还是觉得看起来挺奇怪。

现在我们再来看一下莎士比亚的一段话, 作于 16 世纪晚期:

My brother Jacques he keeps at school, and
report speaks goldenly of his profit; for my part,
he keeps me rustically at home, or, to speak
more properly, stays me here at home unkept;
for call you that keeping for a gentleman of my
birth, that differs not from the stalling of an ox?

这一段有一点难, 而且看起来更奇怪, 但是看文字的话, 总的来说还是能理解的。

虽然你们能听到我说什么, 但是你们会觉得我很难懂, 或许觉得不可能听懂。

更早的时期······

现在来看一段乔叟的文字，写于 14 世纪：

A yong man whilom called Melibeus myghty and riche bigat vp on his wif, that called was Prudence a doghter, which that called was Sophie. Vpon a day bifel that he for his desport is went into the feeldes hym to pleye.

这段文字几乎是不可理解的。

而我说的话，就算你们能听到，也完全不可能听懂。

我们无法听懂乔叟说的英语，就跟我们听不懂荷兰语一样。

·····古英语

最后，我们再来看一小段 10 世纪的英语，我们将这个时期的英语称为"古英语"（Old English）：

> Her...Ælfred cyning...gefeaht with ealne here,
> and hine geflymde, and him aefter rad oth
> thet geweorc, and thaer saet XIII niht.
>
> ['Here King Alfred fought against the whole army, and
> put it to flight, and rode after it to the fortress, and
> there he camped for thirteen nights.']

这一次，我们就连书面文字也无法理解了。确实，你可能会觉得难以置信，这段话竟然是用英语写的！但它确实是用英语写的，虽然完全不是我们所使用的那种英语。就在过去的一千年之内，英语已经变得面目全非了。

故事没有尽头

虽然说，一千年不过是四十个世代，但是在这四十代人当中，语言一直都在发生改变；这里出现了一个新的读音，那里出现了一个新词，其他地方出现了一种新的语法形式，还有……好吧，你都看到了。语言的变化是无休止的，也是无法阻止的，这使得各种语言几乎没有任何限制地、不断偏离它们之前的形式。

这种改变不会停止。有些表达，比如……

> 我用笔记本电脑上网，通过搜索引擎找到了她的主页。

仅仅数年之前，这些话都是令人无法理解的。但是语言并不仅仅是由于世界的变化而发生改变。一本流行杂志可以这么写……

> "在演过这些神经兮兮的女性形象之后，我觉得我可能就是一个胆小鬼，不敢答应出演这么绝妙的人物，即使它是独立制作的电影。"她说。

……几年之前这些话也是无法理解的。

我的侄子和侄女与我在同一个地区长大，不过中间隔了 30 年。他们使用的英语和我的英语相比已经有了一些不同：有些单词不同，用法略微有所不同，发音则非常不同——尤其是元音的发音。我偶尔也会听不懂他们的话。这又是新一代的变化，与之前各世代的语言变化累积在一起。

这些持续发生的变化常常引起语言保守派的愤恨。愤怒的信件投向报刊，抱怨作者的语言使用不当：

Hopefully, we'll be there in time for lunch.
（我们有希望赶上吃午餐。）

We have **less** students than we did last year.
（我们今年的学生少于去年。）

Who do you trust?
（你相信谁？）

This one is different **to** the others.
（这个与其他的不同。）

I'm bored **of** boy bands.
（我对男子乐队已经厌倦了。）

——这类例子不胜枚举。

保守的规定主义

　　不过这也并不稀奇。两百年之前，通行的英语当中还没有 *My house is being painted*（我的房子正在被粉刷）这句话中所体现的语法结构，当时唯一可能的形式是 *My house is painting*（我的房子正在粉刷）。当少数富有创造性的语言使用者开始说 *My house is being painted* 这样的句子时，当时的保守者肯定也无法掩饰他们的愤怒，并且用以下说法来攻击这种新形式……

　　可是现在你看到了，他们抗议的效果到底如何：如今所有的人都说 *My house is being painted*，甚至都不会有人想到那种已经不再使用的旧说法。

这种保守的态度被称为规定主义（prescriptivism），而且它在几乎所有社会当中都具有强大的影响力，对于那些有书写传统的语言（比如英语）来说则更是如此。有教养的人肯定已经接受了当时标准语言的指令（尤其是已经记录成文的标准），而且他们常常极其不情愿地接受任何语言上的改变——这种语言是他们从小用到大的，是在学校里学到的。不过，就像上面引用的例子所表明的，很多或者大多数改变总会影响到我们的语言，并最终被接纳为标准语言的一部分，当然，标准语言也经过了修订。那些拒绝改变、抱怨改变的人最终死去，而只有那些说着新语言长大的人才会留下来，并将这种后来的语言视为规范。年轻一代或许也会抱怨下一轮语言方面的改变，但是同样无济于事。他们也会死去，会将空间留给下一代语言使用者，后来者接受了更新的语言变革。就这样一直持续下去。

WHOM
DO YOU
WISH?

MY
HUSBAND
AND I

（不能用宾格 me）

句子的开头
绝对不能
用介词。

历史视角

不过事实上，规定主义者并不总是只抱怨语言的变化。比如说，很多英式英语的使用者抱怨，美式英语侵入了他们的日常语言，比如说"我想"的时候，用 *I guess* 代替了 *I suppose*；说"我刚收到一封信"时，用 *I've just gotten a letter* 代替了 *I've just got a letter*。

但是他们并没有意识到，这些所谓"美式"英语实际上起源于英国，然后跨过大西洋到了美国……

……在那之后，这种语言在英国本土灭绝了。规定主义最糟糕的表现形式莫过于对不熟悉的事物怀有敌意。

就英语而言，我们有书面记录的时期可以回溯到约1200 年以前，这样我们就能够在记录下来的文本中看到语言的种种变化。不过在那之前，英语并没有形成书面文字，所以我们就很难得知那时都发生了哪些变化。

虽然很难，但是并非不可能，因为我们还有其他方式来了解语言的前史——至少，如果说我们还算幸运的话，在这个问题上我们确实幸运。看看下面这张表格，它列举了几个英语、瑞典语和德语中的近义词。

	English （英语）	Swedish （瑞典语）	German （德语）
(a)	tooth	tand	Zahn
	two	tva	zwei
	ten	tio	zehn
(b)	three	tre	drei
	thing	ting	Ding
	thick	tjock	dick
(c)	nine	nio	neun
	new	ny	neu
	night	natt	Nacht

现在你可能注意到，其中某些单词之间有些明显相似的地方，但是这些相似之处并不是要点。重点是其中呈现的模式。我们一个接一个单词看过来：如果一个英语单词以 /t/ 开头，相应的瑞典语单词也以 /t/ 开头，而相应的德语单词则以 /ts/（拼写为 z）开头。同样，如果一个英语单词以 / θ /（拼写为 th）开头，相应的瑞典语单词就以 /t/ 开头，而德语单词则以 /d/ 开头。而如果英语单词开头是 /n/，那么瑞典语单词开头也是 /n/，德语也是一样。

这 种 模 式 被 称 为 " 系 统 性 对 应 "（systemic correspondences），而在上述三种语言之间（以及其他语言之间），存在着很多这样的一致之处。

对系统性对应的说明

　　我们要如何解释这些系统性的一致之处呢？其实只有一种解释。很久以前，这三种语言是同一种语言！我们将这种原始的语言称为原始日耳曼语（Proto-Germanic）。原始日耳曼语的使用者不会书写，因此我们也就没有关于它的记录，但是我们依然能够发现其中的一点线索，并且了解到这种语言后来经历了什么。原始日耳曼语可能是在公元前 500 年左右、在南部斯堪的纳维亚地区使用的一种语言。说这种语言的人后来从那里迁移到北欧的大部分地区。当然，在人们迁移的同时，语言也在持续变化，但并不是在所有地区都发生同样的变化。相反，在不同的地方，语言的变化也有所不同，于是最初的语言就根据不同的地区而逐渐分化成不同的版本，彼此之间的差异越来越大。

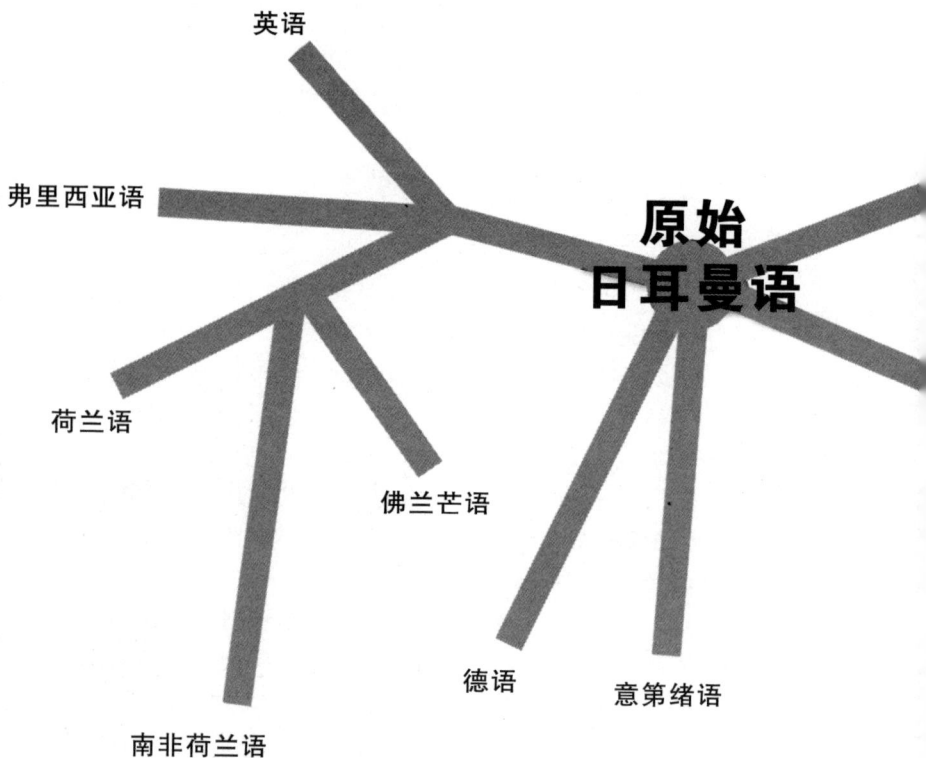

英语

弗里西亚语

原始
日耳曼语

荷兰语

佛兰芒语

德语

意第绪语

南非荷兰语

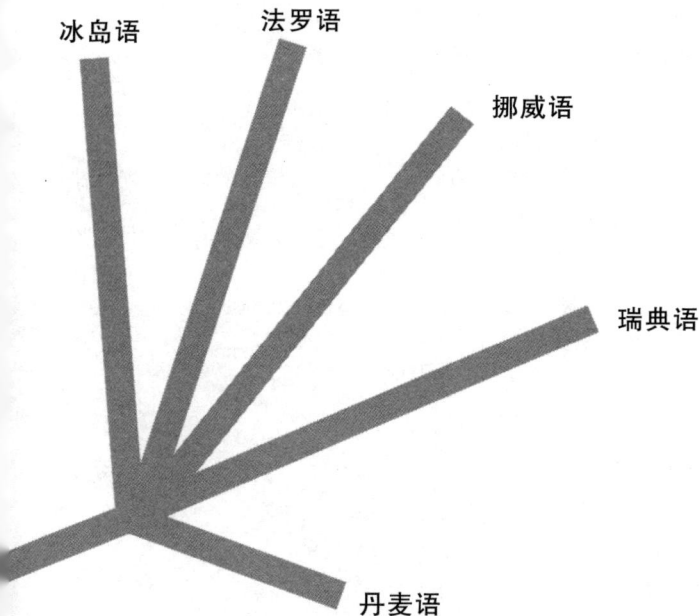

冰岛语　**法罗语**　**挪威语**　**瑞典语**　**丹麦语**　**哥特语**

不过发音方面的变化还是相当有规律的。91页（a）组中的所有单词在原始日耳曼语中都是以同一个音素开头，该音素后来在英语和瑞典语中变成 /t/，在德语中变成 /ts/。同样，（b）组中的所有单词也都以同一个音素开头，该音素后来在英语中变成 /θ/，在瑞典语中变成 /t/，在德语中变成 /d/，（c）组的变化也与此类似。随着时间与地理的距离而发生变化的语言融合并不只是令最初的语言变得面目全非，它还将该语言分割成很多完全不同的子语言。除了英语、瑞典语和德语之外，原始日耳曼语的子语言还包括冰岛语、法罗语、挪威语、丹麦语、荷兰语、南非荷兰语、意第绪语以及大量已经灭绝的语言（比如哥特语）。我们将它们称为日耳曼语，而它们构成了一个语系（a family of languages），也就是说，一组相关的语言全都来自一个共同的祖先。

印欧语系与原始印欧语

原始日耳曼语并不是故事的结束，倒不如说它是故事的开端。两百年前，就连欧洲语言学家自己也没想到——他们逐渐发现，日耳曼语本身只是更广大语言家族当中的一个中等规模的分支。这个家族被称为印欧语系（Indo-European family），除了日耳曼语之外，还包括凯尔特语族（比如爱尔兰语和威尔士语），拉丁语及其演变而来的罗曼语族（比如西班牙语、法语和意大利语），斯拉夫语族（比如波兰语、俄语、阿尔巴尼亚语、希腊语和亚美尼亚语），伊朗语族（比如波斯语和库尔德语），印度语（比如北印度语、乌尔都语和孟加拉语），还有很多灭绝已久的语言，它们曾经通用于土耳其等地。

印欧语系自然是由一个遥远的共同祖先演变而来，这个祖先就是原始印欧语（Proto-Indo-European，简称 PIE），我们认为它的使用大约是在 6000 年前，在东欧或西亚的某个地方，当然，使用这门语言的人并没有留下任何文字记录。印欧语系的建立是 19 世纪语言学家的一项重大成就。

古普鲁士语　　波罗的语族
立陶宛语
拉脱维亚语　　西斯拉夫语族
波兰语
斯洛伐克语　　　　　南斯拉夫语族
捷克语　斯洛文尼亚语
塞尔维亚语　马其顿语
保加利亚语

冰岛语
法罗语
挪威语
瑞典语
丹麦语
英语　　　　古德语
弗里西亚语
荷兰语
佛兰芒语　　意第绪语
南非荷兰语　德语
爱尔兰盖尔语　　戈伊尔德语
苏格兰盖尔语　马恩岛语
布利索尼语
威尔士语
康沃尔语　　高卢语
布列塔尼语
拉丁-法利希语系
葡萄牙语　　拉丁语
西班牙语
法利希语
加泰罗尼亚语
普罗旺斯语
罗马尼亚语
法语
列托-罗曼语
意大利语

英语的远祖

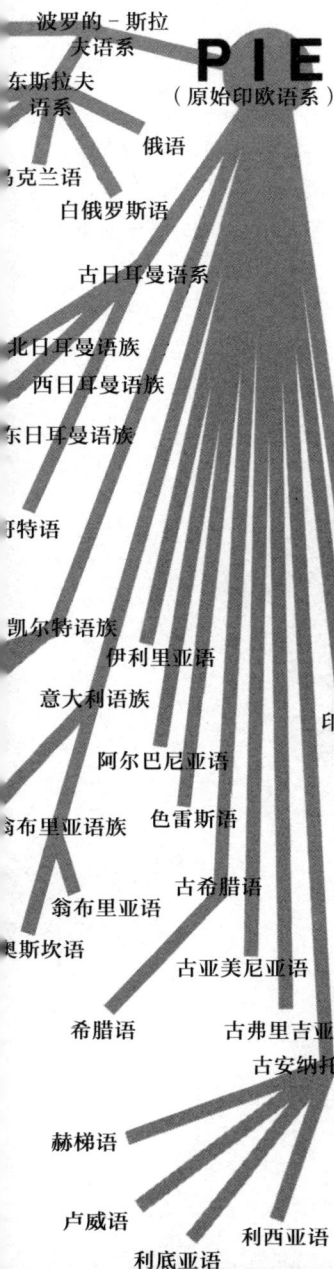

这就是我们所能追溯的最早的英语前史了。6000 年前，在欧亚大陆的某个地方，一群不识字的人开始离开家乡，向外迁移。最后，大约 3000 年前，其中一些人进入斯堪的纳维亚地区，这些人的语言后来发展成为原始日耳曼语。他们继续南下，进入欧洲北部的大部分地区，在那里，他们的语言开始分化成大量不同的地方性语言。其中一群人迁往大陆的北海海岸，他们的语言也发展成为一支当地的语族，我们称其为"英维奥尼克语"（Ingvaeonic，即北海日耳曼语族）。在罗马人撤出不列颠之后，有些说英维奥尼克语的人迁至不列颠，在那里，他们的语言逐渐脱离了原来的本族语言，变得面目全非，最终成为一门完全不同的语言。而这门新语言就是英语的祖先。

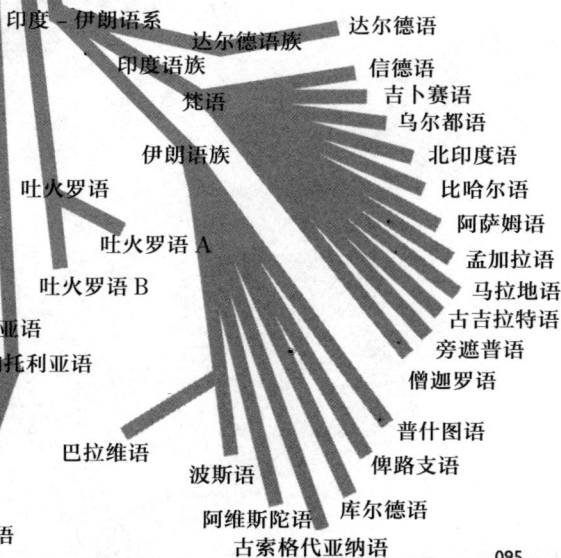

PIE
（原始印欧语系）

波罗的 - 斯拉夫语系

东斯拉夫语系

俄语

乌克兰语

白俄罗斯语

古日耳曼语系

北日耳曼语族

西日耳曼语族

东日耳曼语族

凯尔特语

凯尔特语族

伊利里亚语

意大利语族

阿尔巴尼亚语

翁布里亚语族

色雷斯语

翁布里亚语

古希腊语

吐火罗语

奥斯坎语

古亚美尼亚语

吐火罗语 A

吐火罗语 B

希腊语

古弗里吉亚语

赫梯语

古安纳托利亚语

卢威语

巴拉维语

利西亚语

波斯语

利底亚语

阿维斯陀语

古索格代亚纳语

印度 - 伊朗语系

达尔德语族

达尔德语

印度语族

信德语

梵语

吉卜赛语

乌尔都语

伊朗语族

北印度语

比哈尔语

阿萨姆语

孟加拉语

马拉地语

古吉拉特语

旁遮普语

僧迦罗语

普什图语

俾路支语

库尔德语

095

原始印欧语系的东方祖先

那么，在原始印欧语系产生之前又发生了什么呢？很显然，原始印欧语本身就是从更早的语言中演化而来的，因此我们也会希望继续寻找，在地球上的某个地方找到英语更远的远亲。但是这很困难。我们在时间上追溯得越早，累积性的变化就越发重要（而我们必须解释这种变化），我们对语言事实的认识就会变得越发模糊不清，而当时可能存在的相关语言就会更加遥远、更难辨认。

目前，我们还没有鉴别出任何与印欧语系有亲族关系的语系。有些语言学家已经被下面这种可能性迷住了：印欧语系和相邻的乌拉尔语系之间可能存在联系，后者包括了芬兰语、匈牙利语等语言。

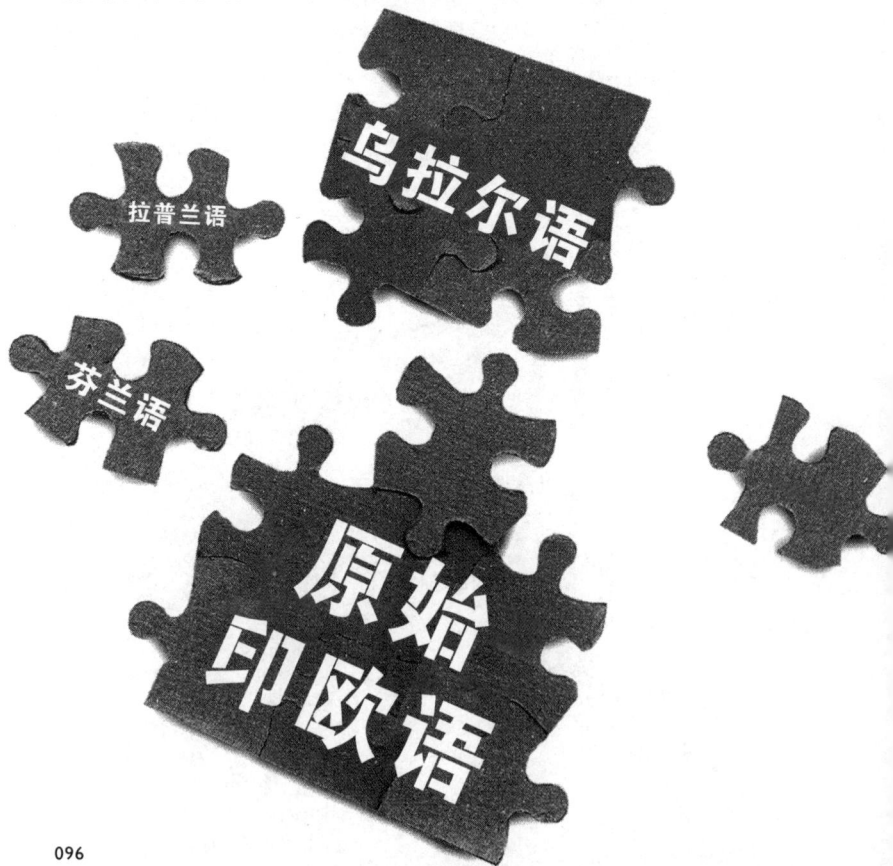

蒙古语
德拉威语
通古斯语
阿拉伯语
柏柏尔语
卡尔特维里语
希伯来语
土耳其语
豪萨语

　　还有一些语言学家则更有雄心，他们努力想要找到证据表明，印欧语系和乌拉尔语系都与欧亚各语族的集合具有较远的联系，这一集合的规模十分惊人，其中包括土耳其语、蒙古语、通古斯语（应用于西伯利亚地区）、德拉威语（应用于印度南部）、卡尔特维里语（应用于高加索地区）、近东地区庞大的亚非语系（包括阿拉伯语和希伯来语等），甚至可能还有其他语种。这种观点被称为"诺斯特拉提克假说"（Nostratic hypothsis）。但是能够支持这些想法的证据实在太少，不足以说服大多数语言学家同意，我们所看到的仅仅是偶然的相似。不过即使还有其他仍在使用的语族确实与印欧语系具有较远的亲缘关系，我们可能也永远无法找到和它有关的语系。上千年的语言变化具有极强的力量，足以消除一门语言的祖先所遗留的痕迹。只要时间够长，一切都会改变。

索绪尔悖论

由此我们就触及语言学领域的一个著名问题，人们称其为"索绪尔悖论"（Saussurean paradox）。如果一门语言总是在不断地变化，那我们又怎么可能持续有效地使用该语言呢？毕竟，如果在一场比赛中，规则总是变来变去，那我们怎么可能进行象棋比赛或足球比赛呢？

> 如果在一场庭审中，法律总是变来变去，那我们又怎么可能在法庭上问案呢？

我们看到，在这句话中有一条线索：

……if the law **were** constantly changing（如果法律总是变来变去）……

很久以前，英语有一套完备的、相互区别的动词形式来谈论各种假设的事态，这就是虚拟式。其中大部分形式很久以前就消失了，但还有一小部分保留了下来，其中包括我们在这句话的 if it were 当中看到的形式。你不一定使用这个形式，但至少你可能认得它。它始终存在于英语当中，哪怕今天大部分人都用 if the law was constantly changing 这个说法来加以代替。有些人在使用这个结构时总是用 were all the time，有些人则说 was all the time，但他们也理解 were 的意思和用法。还有的人则不一定，在某些情况下用 were，其他时候用 was。

变异

　　这里的关键就是变异（variation）。were 和 was 这两种形式在英语中同时存在，而且人们对二者都能加以使用和理解。很久以前，所有人都说 were；而在将来的某一天，所有人都会说 was。与此同时，我们的语言也有变异现象。我们现在已经明白，所谓变异，就是变化的方式。在发生变化的过程中，较老的形式和较新的形式同时存在，而且几乎所有人都熟悉这两种形式，即使有些人仅仅使用其中一种。随着时间的推移，较老的形式变得越来越不常见，而较新的形式则变得越来越常见，直到有一天，世界上再没有任何人使用旧形式，改变就最终完成了。

　　所以，举例来说，在诺曼征服英国之前（the Norman Conquest of England），所有的英语使用者都用 here 来指 army（军队）。而在战后的一段时期内，少数人开始在说英语时使用诺曼法语中的单词 army。在很长一段时间里，这两个词在英语中同时存在。但是越来越多的人开始用 army，而不再用 here，终于有一天，再也没有人用 here 来表示军队了，这个用法也就绝迹了。今天，这个老词儿只有在少数地名中才能见到，比如英国的 Hereford（它的意思就是 army-ford），而且除了专家之外，人们也不再清楚这个地名的含义。

关于变异的社会语言学研究

我们现在还可以在下面这几组词之间选择：比如说"电话"时，可以选择 telephone 或 phone；说"健身房"可以用 gymnasium 或 gym，说"公共汽车"用 omnibus 或 bus，说"文胸"时选择 brassière 或 bra，而一段时间之后，其中一种形式就完全不再使用了—— omnibus 就是这样，brassière 可能也没人再用了。

社会语言学（sociolinguistics）研究的就是语言当中的这些变异现象，而且社会语言学家感兴趣的不只是语言变化。比如说，他们对于男性和女性的语言使用情况感兴趣。在某些语言中，男性和女性的语言表述极为不同：他们会使用不同的发音、不同的词汇，甚至会用不同的词尾。

在说日语的人当中，男性说"胃"这个词时用的是 hara，女性则用 onaka。而在美国路易斯安那州，当地人所使用的科埃萨蒂语中，当女性说"抬起来"这个短语时，她们会说 lakawhol，而男性会说 lakawhos。

英语中没有这种情况，但是我们在说话时也存在性别的差异。对于女性来说，一件针织衫的颜色是"酒红色"，对男性来说可能就只是"红色"。对女性来说，说一句"苏西，你穿这件紧身上衣真好看"是很常见的事，而对一个男人来说……

……这样的言谈在大多数情境下是很难被人接受的。

直到最近，英国语言学家珍妮弗·科茨才发现了男性与女性在使用语言方面的一个重要区别。科茨研究了参与者全为男性和参与者全为女性的对话，并发现了一些显著的差别。

男性言谈与女性言谈

在全部由男性参与的对话中，参与者通常会长篇大论。

每一个人轮流发言，其他人保持安静，除了偶尔咕哝两句，以表示他们一直在听并且听懂了。

是的。

嗯嗯。

没错。

但是女性的对话完全不是这样。相反，当一位女性说话时，其他人会不断地插话以发表意见和推动对话，有说"对啊！"表示赞同的，还有帮讲话者把句子说完的。

这种差异自然会在男性和女性共同参与的谈话中导致困惑。比如，一位男士正在讲话，一位女性用女性通常的谈话方式，不断地插话来发表评论。但是这位男士不习惯这种方式，所以他很可能会将这些评论看成是在打断他说话（虽然其实并非如此），然后他就会变得很烦躁。这或许就是为什么很多男性真心相信，女性总是爱插嘴——事实上，观察研究表明，在同时有男性和女性参与的谈话中，最常打断他人说话的往往是男性。

变异与社会语境

语言中的变异现象十分普遍。男性和女性、水管工和股票经纪人、伦敦人和格拉斯哥人、学生和退休的上将、舞厅 DJ 和新闻播音员……说话的方式都不一样。我们在任何地方都能发现无穷无尽的语言变异现象。

哪怕是同一个人，在不同的环境中，说话的方式也不同。和朋友一起在酒吧的时候，你要去厕所的话会说 Gotta pee（我去小便），但是你跟母亲的朋友聊天时绝对不会这么说，去银行求职、参加面试的时候也不会这么说。如果你要写一篇论文或者报告，你肯定也不会用给情人写私信的那种方式来写。而那些在超市广播系统发公告的人，他们就好像是靠一种其他人听不懂的英语来说话。

我们想要通知我们所有的顾客，熟食柜台的所有烤鸡现在都半价销售。谢谢。

这种变异不仅超出了社会群体和语境的范围，而且也超越了时间和空间。在不同的时间，在不同的地方，在不同的语境下，如果我们想要描述一个平生所见的绝好事物，我们可以用以下词语：ace（顶尖的）、top-hole（第一流的）、spiffing（出色的）、triff（妙极了）、tremendous（极好的）、excellent（卓越的）、super（超好）、jolly good（好极了）、awesome（极好）、smashing（棒极了）、wicked（超赞的）、fab（绝妙的）、bodacious（非凡的）、unreal（好得过分）……诸如此类，不胜枚举。

在我们对语言的使用中，最惊人的一点就在于，我们能够表达那些没有真正说出口的意思。假设我们几个人计划参加一个圣诞派对，然后大家商量谁来开车。一个人说……

这句话看起来与眼前的情境无关，它的要点是什么呢？好吧，它当然不是完全无关。在当前的语境下，它的意思就是"苏西可以开车"。为什么呢？因为根据我们的生活经验，我们知道在圣诞派对上人们会喝很多酒，喝了酒的人就不能安全驾驶，而正在吃抗生素的人通常是不能喝酒的。所以，在这个例子中，苏西就是最好的司机人选。

也就是说，在我们这里设计的语境中，"苏西在吃抗生素"这句话的意思被理解为：苏西就是开车的不二人选。但是这很奇怪。显然，"苏西在吃抗生素"的真正意思并非如此。但是我们之所以能用这种方式理解它，是因为我们具有日常知识。

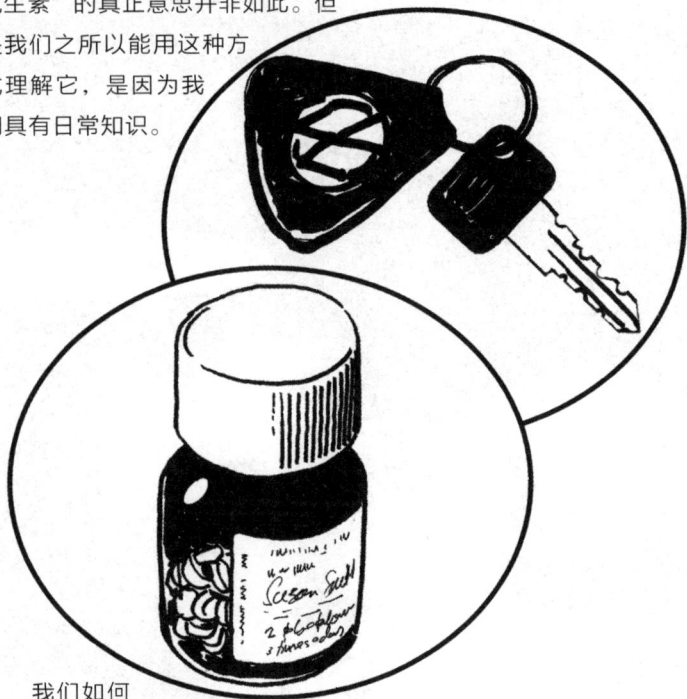

我们如何从语言表达的语境中提取交流意义，对这个问题的研究如今被称为"语用学"（pragmatics）。我们将语用学和语义学（semantics）区分开来，后者研究的是完全出自语言形式的意义。在下面几页中，我们将简要地考察一下语义学和语用学这两种不同的研究方式。

语义学

有些意义是语言形式自身所具有的，而不仅仅取决于语境。对这些内在意义的研究被称作语义学。语义学是一门极难探究的科目。

我们以一个熟悉的单词 dog（狗）为例。你能写出一个"狗"的定义，使其足以区分每一条狗和每一个不是狗的生物吗？这并不容易。我们来试试看。

狗是一种四足动物，长有皮毛、长耳朵和尾巴。它吠叫、吃肉并且与人类共同生活。

这个定义似乎还行。但是墨西哥无毛犬就没有毛，难道它因此就不是狗了？巴仙吉犬不会吠叫，但我们还是称它为"狗"。野狗不和人类住在一起，难道这就令它成为另一个不同的物种？你觉得不是这样？那为什么狐狸和狼都不是狗？这些动物长得都很像狗，狐狸甚至还会吠叫。一张狗的照片还是狗吗？一条死去的狗呢？玩具狗呢？卡通形象中的狗呢？

看来我们甚至无法对"狗"这样简单的词语进行严格的界定。但是我们依然通过某种方式知道这个词语是什么意思，并且能够毫无困难地使用它。而且，如果界定 dog（狗）这个词就这么困难，那么像 small（小的）、green（绿的）、evasive（逃避的）、democracy（民主）以及 pornography（色情作品）这样的词语又要如何界定呢？这样看来，我们居然还能彼此交谈，这真是一件神奇的事。

我是不是狗？

107

联结中发生的意义

不过，词语不会独自产生意义。大多数词语的含义都来自它们和其他词语之间的联结方式。我们可以看看下面几个例子，考虑一下 took off、ran out of 和 lost 这几个词的意思：

Susie took her coat off.
（苏西脱下了她的外套。）

Susie took her coat off the peg.
（苏西从衣钩上取下了她的外套。）

Natalie ran out of the room.
（娜塔丽跑出了房间。）

Natalie ran out of flour.
（娜塔丽用完了面粉。）

Alice lost her toothbrush.
（爱丽丝弄丢了她的牙刷。）

Alice lost her virginity.
（爱丽丝失去了她的童贞。）

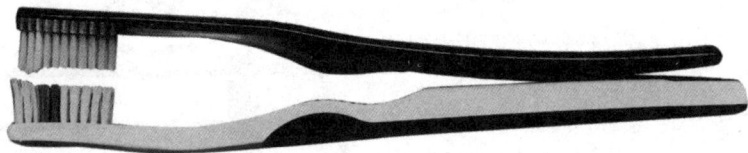

很显然，我们为这些词语指定的意义主要取决于它们前后的其他词语。正是像这样的事实令语义学研究变得十分困难。确实，在 20 世纪 40 年代，美国的结构主义语言学家对于语义研究的混乱状况极为恼火，以至于最终将语义学逐出了语言学研究的领域，不过这只是暂时的，因为到了 20 世纪 60 年代，人们又再次接受了语义学。

语用学

"语用学"这个词是由美国哲学家 C.S. 皮尔士发明的。但是直到 20 世纪 30 年代，另一位美国哲学家查尔斯·莫里斯（1901—1979）才开始将该术语应用到语言行为领域。

莫里斯对"语用学"的理解非常宽泛，涵盖了社会行为和心理行为的多个方面。这种宽泛的意义直到今天在欧洲还十分常见，而语义学有时也会被认为涵盖了对于语言行为背后的各种信念的研究。

不过，在英语世界中，这个术语的应用范围不断变窄，直到收缩为仅研究那些由语境产生的意义（与那些包含在语言形式中的意义相反）。因此，语言学家和哲学家逐渐认识到，有两种语言意义，同时也需要有两种不同的方式去理解这两种意义。

语义学认为语言的意义
包含在语言形式之中。

语用学认为语言的意
义包含在语境当中。

语用学问题

同时，哲学家也在考察语用学问题，但是他们没有使用这个术语。20 世纪上半叶，英国哲学家伯特兰·罗素（1872—1970）和彼得·斯特劳森（1919—2006）展开了一场有关句子的争论……

The King of France is bald.
（法国国王是秃头。）

如果没有法国国王呢？

> 既然这个句子不可能为真，那它肯定就是假的。

> 问一个句子是真还是假其实没有意义。如果没有国王，那么这个形式的句子就是不恰当的，在常规的语言行为规范之外。

斯特劳森的观点一直以来很有影响力，因为它使语言学家得以发展出以下观点：不借助语境，我们就不可能完全理解意义。

语用学的发展

20 世纪 60 年代，英国哲学家保罗·格莱斯为语用学做出了开创性的贡献，他提出了一系列规则或者说准则（maxims），这些准则决定了对话的结构。其中之一就是关联准则（maxim of relevance），根据这条准则，我们假定我们所听到的一切事情都和当前的讨论相关。

在前面提到的例子中，当我们想找人当司机并听到"苏西正在服用抗生素"，我们自然就会认为，这个回答是和谈话有关的，然后我们对其进行相应的解读，并为此调动我们全部的经验和背景知识。我们一直都是这样做的，而且我们几乎从未意识到自己在这么做。

所有与"选一个司机开车带大家参加圣诞派对"有关的事情。

再来看两条格莱斯的准则：质量准则和数量准则。假设我对你说……

我有两个小孩。

根据质量准则，你会得出结论认为，我不会没有小孩，也不会只有一个小孩，否则我就会违背质量准则。或者，说白了，我就是在说谎。

根据数量准则，你会得出结论认为，我有两个小孩，而不是有三个或四个小孩。如果我有三个小孩却还这么说，那么严格说来我并不是在说谎，但态度肯定也不是很配合。

按照格莱斯的分析，你会假设我很配合，假设我是在遵守数量准则，因此假设我确实有两个小孩。

我预先相信，你在说实话，完完全全都是实话。

语言源自何处？

不过首先，语言是如何进入我们的大脑当中的？在遥远的过去，人们常常认为，肯定有某种"自然的"人类语言，婴儿不需要别人的教导，自己就能开口说话。埃及法老普撒美提库斯（Psammetichus）和英国国王詹姆斯一世等人都进行过残忍的实验。

我猜，如果把刚生下来的婴儿隔离起来，让他们独自长大，或许这些孩子就会"自然地"开口说英语。

事实上，这些可怜的孩子没有学会任何语言。

我们现在知道，一个在隔离环境下成长的孩子永远无法学会任何语言。与他人的接触对于获得第一语言来说是最根本的因素。但是这并没有告诉我们，语言的习得是怎么发生的。

备受乔姆斯基抨击的斯金纳命题

1957 年，美国行为主义心理学家 B.F. 斯金纳出版了《言语行为》（*Verbal Behavior*），该书说明，孩子通过模仿自己所听到的身边大人的讲话而习得第一语言。在斯金纳看来，语言习得是通过模仿和强化的过程而完成的。

如果能够很好地模仿大人的讲话，孩子就会得到奖励（比如夸奖和微笑），而如果模仿得不好，则会受到劝阻（比如纠正和皱眉）。

所以，渐渐地，孩子就能越来越好地像大人一样说话，直到最终完全采取成人的说话方式。

斯金纳的观点是**错**的——彻头彻尾、无可救药地**错**了。

斯金纳的著作遭到了当时还寂寂无名的乔姆斯基的批评——他的批评极为尖刻，甚至可以说是十分凶狠。不过他有充分的理由这么做：数十年来的精细研究提供了大量事实，揭示了儿童习得第一语言的方式，并且最终表明，语言习得的过程与斯金纳猜想的方式完全不同。

孩子建立规则

如果斯金纳的观点是对的，那么孩子就会多少有些随机地接近成年人的语言，而且他们多少会犯一些随机的错误。但是事实并非如此。多项研究表明，孩子们是用一种非常有序的方式习得语言的。他们并非随机地接近成年人的语言，而且他们也不会犯随机的错误。

相反，他们的做法极为不同。

我们建立规则。

我们可以看一下英语的过去时态。大多数英语动词都有规则的过去式形式，比如：love/loved（爱 / 爱过）、wash/washed（洗 / 洗过）、smile/smiled（微笑 / 曾经微笑）等等。但是有些动词（大多数都是使用频率极高的动词）具有不规则的过去式形式，比如：see/saw（看到 / 当时看到）、take/took（拿 / 当时拿）、give/gave（给 / 当时给）等。学习英语的孩子很早就掌握了这些常见的不规则动词，并且很快就开始使用 saw、took 以及 gave 这些不规则的过去式形式。

不过，一段时间之后，他们开始学习规则的过去式形式，例如 loved 和 washed。突然间，重要的变化发生了。小孩子意识到存在着一条构造过去式的规则，于是他兴高采烈地开始说出 discovered（发现了）、travelled（曾去旅行）和 scraped（刮掉了）这样的词语。

不过，就在这个时候，小孩子不再使用 saw 和 took 这样的不规则形式，而是开始说 seed 和 taked。

……这些形式我们从来没听大人们说过。

在那之后，小孩子肯定还要重新费力地学习使用不规则形式，比如 saw 和 took。

另一项观察则是关于如何学习使用否定形式。起初，小孩子完全不使用否定形式。然后他开始用同一个否定词来构造否定句：通常他会用 no 这个词，而且总是放在句子开头：

No I want milk. (我不想喝牛奶。)

后来，这个 no 被移到动词旁边：

I no want milk.

最后，比较复杂的、否定性的助动词出现了：

I don't want milk.

主动建构的例子

有一个简单但是十分突出的例子，就是英语中复数形式的习得。一开始，小孩子不使用复数形式。然后慢慢地，他了解到一些常规的复数形式，比如 cats（猫）、biscuits（饼干）和 toys（玩具），在积累了足够多的例子之后，他最终发现了规则，于是就开始兴高采烈地随意创造新的复数形式：catalogues（目录）、lawnmowers（剪草机）以及 nurses（护士、奶妈）。

我们可以对小孩子进行测试，看看他们是否掌握了这条规则。我们给一个孩子看一个很可爱的小玩具，同时跟他说："瞧，这是一个 wug。"（wug 是一个新造的词，他肯定没听说过。）然后测试人员继续说："看，这儿还有一个 wug，现在这里有两个……？"能够正确地造出 wugs 这个形式的孩子就掌握了这条规则。

如果这是一个 wug……

……那么这俩是什么？

你自己当然在很久之前就学过这条规则了，而你每天都毫不费力地运用它去创造你从未听说过的、全新的复数形式，比如：CD-ROMS（只读光盘）、laptops（笔记本电脑）、e-mails（电子邮件）以及 wusses（胆小鬼）。

上述观察清楚地表明，小孩子无法通过记忆和模仿来发展语言。相反，他必须不断建立规则。而这也是现代语言学最重大的发现之一：当一个孩子学习第一语言时，他同时也在构建这门语言。

的确，大多数语言学家现在都相信，孩子生来就具有一种生物性的语言能力，一种与生俱来的、习得语言的倾向。这种先天能力所要求的无非就是来自他人的、一定程度的刺激，从而推动这种能力的运行。

别忘了我们：我们是尼加拉瓜的聋哑儿童。

当我们被集合在一起的时候，我们就为自己创造了一种语言。

创造一门语言

我们人类可以学着去做无数的事情。我们可以学着做数学，学着酿酒，学着弹吉他，学着挖油井，学着做舒芙蕾，学着溜冰。

我们可以学着开车。

但是上面这些都只是技能。数亿人终其一生都不会学习这些技能。然而，所有健康的儿童，无论他们的智力水平或生长环境如何，都会学习第一语言，哪怕他们只有极少的机会这样做。就像尼加拉瓜聋哑儿童的例子所表明的，儿童是如此坚定地学习语言，哪怕他们周围的环境中没有出现任何语言，他们也要学习一门语言。

还有其他的例子也能支持这一点。

混杂语

在人类历史上，有无数的时期，人们在某些环境中聚集一处，却没有共同的语言可供交流。当非洲人被带往美洲做奴隶时，情况就是如此。当十几个国家的人口被带到夏威夷的蔗糖种植园当工人时，也发生过这种情况。而当巴布亚新几内亚的人民共同形成一个新的国家、当他们所使用的上百种当地语言融合在一起的时候，情况也是同样的。

在这样的环境下，人们总是会采取同样的应对方式……

混杂语是一种粗粝的、初步的语言，它只有很少的词汇，也没什么语法。它是一种简陋而有限的交流系统，但是它确实能满足简单的目的，而在这个共同体中的每个人都能掌握它。

克莱奥尔

不过随后，共同体当中的有些人会结婚生子。而无论他们在家里说什么语言，他们的孩子与其他孩子之间就只能说混杂语。这样做的结果也是意料之中的。

> 我们几乎没有时间将这种混杂语变成一门真正的语言。

> 我们引入了所有类型的语法说明，例如关系从句和时态标识，这些都是我们当时所学的混杂语不具备的。

> 而且我们极大地扩充了这门语言的词汇，这样我们就可以轻松地谈论任何我们想谈论的话题。

总之，他们创造了一门新的自然语言，而创造它的这些孩子正是该语言的第一代使用者。这种新语言被称为克莱奥尔（creole）。

就在过去的几个世纪当中，出现了数十种克莱奥尔混杂语：在加勒比海地区、非洲、亚洲、夏威夷……以及其他地区。这些语言都表明，人类具有强大的本能去构造语言。当孩子们构造一门克莱奥尔混杂语时，他们学习的不仅仅是一种其父母不知道的语言，而是一种此前未曾存在的语言——他们就像尼加拉瓜那些具有听力障碍的孩子一样。克莱奥尔混杂语就像尼加拉瓜手语一样，提供了极为坚实的证据，表明第一语言的学习并不只是一种技能（比如学习滑冰的技能）。我们的语言能力是我们生物体的一部分，是某种写入我们基因当中的东西。

就像蝙蝠的回声定位系统一样……

……或者就像大雁的远距离导航技能一样。

　　如今大多数语言学家相信，我们之所以具有这种独一无二的语言能力，是因为我们的某些遥远的祖先进化出了这种能力。而且从那时起，人类的儿童生下来就具有一种生物性的冲动，要去建构和使用语言。

乔姆斯基的普遍语法

只有我们这个物种才有这种"语言冲动"。正如我们之前看到的，地球上的其他生物都不具有类似于我们的这种学习和运用语言的能力。我们能够说话，就像鸟儿能够唱歌一样，而且都是出于同样的原因。只有承认了我们的生物性的语言能力，语言学家才获准与心理学家、哲学家、计算机科学家以及人工智能的研究者一起，为"认知科学"这门全新的学科奠定基础。但是语言到底在多大程度上被写入了我们的基因呢？

美国语言学家乔姆斯基数十年来一直在论证一个很强烈的观点，说明我们具有与生俱来的语言天赋。

> 我坚持认为，我们一出生就具有大量极其明确的语法规则，它们内置在我们的头脑中。我将这些规则称为普遍语法（universal grammar，简称 UG）。

我们可以来看一个普遍语法的例子。看看下面几个英语句子，然后问问自己这个问题：在哪些句子中，she（她）这个代词可能指代苏西？

1. Susie had a shower after she got up.（苏西起床后冲了个澡。）

2. After she got up, Susie had a shower.（起床后，苏西冲了个澡。）

3. After Susie got up, she had a shower.（苏西起床后，她冲了个澡。）

4. She had a shower after Susie got up.（她在苏西起床后冲了个澡。）

这位是苏西吗？

所有说英语的人都同意，在前三个句子中，she 这个代词都可能指代苏西，但是第四个句子不行。

但是为什么呢？毕竟，这四个句子都包括同样的单词，都具有极为相似的结构。

规则是什么?

其实这里有一个规则。事实已经证明,我们可以极为精确地构造这个规则——虽然只有在精心阐述的句法理论的语境中才能做到这一点。该规则的第一个版本由美国语言学家罗纳德·兰盖克于 1969 年提出,其中包含了一个禁令形式:

回指词(anaphor)既不能在其先行词之前,也不能支配先行词。

这条规则的当前版本有一点不同,但是对于不了解语言学理论的读者来说,这两种版本都很难理解。

> 好吧,其实所有母语是英语的人都知道这条规则。我们在说话时绝不会打破该规则,而且当其他人说出类似于上面第四句话那样的句子时,我们绝不会理解错误。

但是我们是如何掌握这个规则的呢?

我们的父母从未教过我们这个规则。我们在学校也没有学过。事实上,我们大多数人甚至都没有意识到这里有一个规则,除非有人让我们注意到它。

乔姆斯基对此提出的解释是：这个规则是普遍语法的一部分。普遍语法当中有某种东西是我们生来就具有的，正是这个东西令 she 在前三个句子中能够指代 Susie，但在第四个句子中不能如此指代。换句话说，这条规则就像一般意义上的普遍语法一样，是先天的。我们一出生就具有了对它的认识。

不过，在某种很强的意义上，我们就是知道这条规则。该规则以某种方式进入了我们的头脑。但究竟是以什么方式呢？

语言先天论

乔姆斯基的观点（即：普遍语法是与生俱来的）现在被人们称为"语言先天论"假说（linguistic nativism）。该假说极富争议。很多哲学家和心理学家（以及语言学家）都对它采取愤怒和蔑视的态度。对于很多批评家来说，先天论并不是一套真正的假说，而只是对于科学探究的逃避。

之所以有这些规则，是因为就是有这些规则，而它们是如何产生的，这不是语言学研究的问题。

当然，我们可以试着探究这种先天论主张可能具有的普遍本质，从而对其做出评价。如果乔姆斯基是对的，那么所有说人类语言的人肯定都知道同一种普遍语法，因此他们的语言肯定具有大致相同的规则。

因此，仔细地考察多种语言的语法规则总会为我们提供某种证据。当然，某些语言学家已经开展了这样的研究。但是这项工作并不容易。

大多数为人们所熟知的并得到了仔细考察的语言都是欧洲语言……

但是这些语言本来都是有亲缘关系的（它们都源自同一个祖先）。不仅如此，这些语言的使用者几百年来彼此之间都有很密切的接触交流。因此，我们本来就可以预计，在这些语言之间会存在所有类型的相似性，而且这些相似性都是出于非生物性的原因。

证明普遍语法假说所遇到的困难

　　这里我们真正需要的是可靠而翔实的信息，从而对一系列无亲缘关系的、地理上分散的语言有所了解：比如说，这些语言分别来自美洲各地区、非洲、西伯利亚、东南亚、澳大利亚以及太平洋地区。

　　不过，出于很明显的实践层面的理由，迄今为止这些语言几乎没有得到过考察或者详细的描述。

　　那些准备好要勇敢面对热带雨林、西伯利亚永久冻土、地区战争以及其他危险的语言学家，他们主要的兴趣和目标并不是那些与先天论假说有关的理论问题。

　　他们都不会提出正确的关键问题。

上面提到的这些都是巨大的障碍。但是我们依然从很多语言当中获得了一些相关数据，我们可以仔细检查这些数据，从中获得可能支持或反对先天论观点的证据。不过到目前为止，结果还是令人恼火。

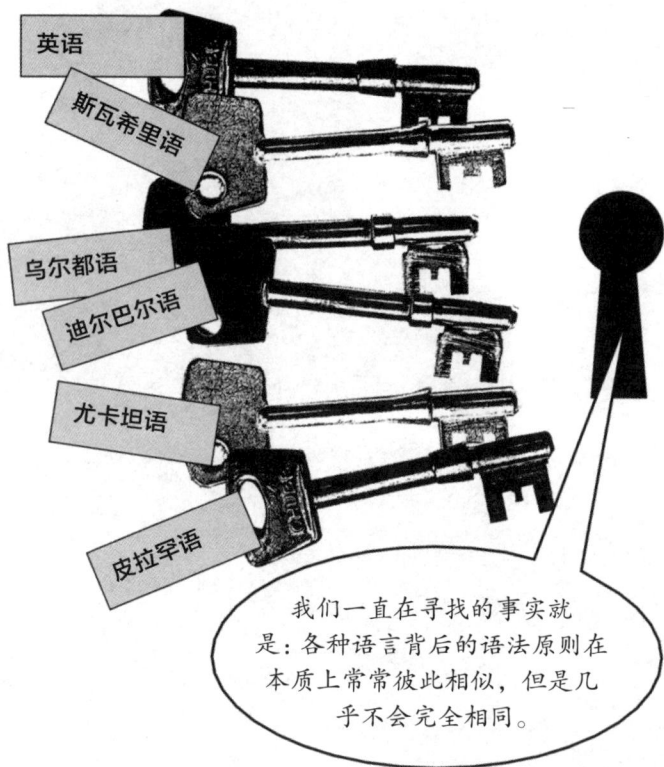

英语
斯瓦希里语
乌尔都语
迪尔巴尔语
尤卡坦语
皮拉罕语

我们一直在寻找的事实就是：各种语言背后的语法原则在本质上常常彼此相似，但是几乎不会完全相同。

于是，某些支持乔姆斯基语言先天论的人就得出结论，认为普遍语法原则肯定比我们之前猜想的更加抽象。这些原则只能在一个抽象程度很高的层面上加以表述，而与各种语句的表层形式相去甚远——这些表层形式仅仅来自抽象原则与其他策略及要求之间的相互影响与交流。

"分别"（respectively）与"尊敬"（with respect）

不过，很多批评者论证说，这种退入更高抽象性的做法是徒劳无功的，甚至反而会弄巧成拙：如果我们令原则变得足够抽象，并且充分地远离那些可观察的数据，那么这些原则就成了不可证伪也不可证明的。也就是说，任何给定的抽象原则都可以和任何一组数据相一致，而我们所有的就不再是一个可证明的科学假说，而只是一番信仰而已。

此外还有其他问题。举例来说，某些重要的理论问题都立足于英语中的 respectively（分别而言）句子以及相关解释，比如：

Jan and Larry drank whisky and sherry, respectively.
（詹和拉里各自喝了威士忌与雪利酒。）

有些语言学家论证说，这类句子的应用说明了普遍语法的某些重要特征。但是很可惜，还有一些语言学家考察了这类句子，并发现了一些重要而有趣的东西。只有那些受过良好教育并具有较高文化水平的英语使用者才会运用这种句子。与此相反，没有受过教育的英语使用者不仅不用这种句子，而且在看到这些句子时甚至无法理解其中的含义。

"respectively" 并不表示我们"尊敬地"喝雪利酒和威士忌……

而是表示他喝雪利酒，我喝威士忌。

先天拥有还是后天习得？

所以，respectively 这种句子看来无法真正表明我们具有先天语言能力。相反，对这类句子的使用和解释似乎只有通过正规教育才能获得。而如果我们的某种语言行为只能通过教育获得，而不是我们生来就具有的，那么我们又如何才能确定，语言运用的任何特定方面都是先天具有的而不是后天习得的？批评者们的另一个质疑则是：我们如何能够确定，语言运用的任何方面真像乔姆斯基声称的那样，是与生俱来的？

……或者只是通过经验获得的……

——就像伟大的瑞士心理学家皮亚杰等人所提出的那样？

语言规划

因此，虽然几乎没有语言学家怀疑，我们的语言能力就是我们的生物性的一部分，但是却有很多语言学家提出质疑，认为我们的语言能力并不像乔姆斯基所说的那样精确而具体。

不管怎样，我们确定的是，一门语言的结构可能在根本上是由政治或教育方面的规划来决定的。在 19 世纪和 20 世纪，大量的欧洲语言第一次作为新成立国家的国民语言得到使用，例如：挪威语、芬兰语、保加利亚语、捷克语等等。对于每一门语言来说，无论是为其商定一个此前尚不具备的标准语言形式，还是创造大量的新词汇（用以讨论从哲学到汽车发动机、从语言学到核物理等技术性的话题），这两个方面都是必不可少的。这类工作被称为语言规划（language planning）或语言工程（linguistic engineering），是十分艰难且费时的工程。

"巴斯克语"工程

我们可以看一下巴斯克语的例子，该语言的建造工程直到 20 世纪 60 年代才开始标准化。巴斯克语通用于西班牙北部山区和法国西南部地区，此前从未有过任何标准形式，而是在不同的山谷地区有极多的地方化用法。下面是一个小例子，表明了巴斯克语的规划者在着手构建新的标准形式时，所面对的各种各样的地方化版本。

"stone"	arri	harri		
"come"	etorri	ethorri	jin	jaugin
"word"	berba	itz	hitz	
"otter"	urtxakur	ugabere		
"I like it"	gustatzen jata	gustatzen zait	atsegin dut	laket zaut
"I'll do it"	eingo dot	egingo det	eginen dut	
"so long"	ikusi arte	ikhus arte		

想象一下吧：你眼前是上面这样的、成千上万的地区性语言差异，而你还要试图提出一套令所有人都满意的、公认的语言形式。不过几十年之后，巴斯克语随着项目的开展而有了很好的发展，而该项目也预计在未来能够顺利完成——就像芬兰人（以及其他国家和地区）在语言规划方面已经完成的项目一样。

英语则从未经历过任何这种规模的语言规划。这并不是因为英语缺乏地区或社会多样性（其实我们的语言中有很多这类多样性），而仅仅是因为，我们的祖先通过一系列偶然性的历史事件，在很大程度上接受了一种标准的语言形式，但是没有中心化，也没有经过任何有组织的规划。这种随意的、无计划的方式实际上取得了惊人的成功，并产生了一种单一的，甚至相当统一的标准英语形式，其中仅有少数地区差异。

而我们在学校学习的、出于公共目的而使用的，正是这种**标准英语**（连同它所有的弊端以及在当时被认为奇怪的地方）。

标准英语

基于历史原因，标准英语要求：

可以说 I did it（我做完了），不能说 I done it。
可以说 He doesn't know（他不知道），不能说 He don't know。
可以说 I saw him（我看见他了），不能说 I seen him。
可以说 I haven't finished（我还没做完），不能说 I ain't finished。

此外还有无数规则，它们在说英语方言的、未受教育的人看来十分奇怪——更别提前面说到的有 respectively 这种用法的句子了。

如果历史的发展有所不同，那么那些凶巴巴的英语老师也许就会将 He doesn't do it 和 I saw it 这样的句子看成是"无知的""没文化的"说法，竭尽全力地加以杜绝，并且教他们的学生使用 He don't do it 和 I seen it 这样的句子，因为这些句子反而会被看成是优雅的、有文化的。

语言中的性别主义

语言规划在英语中表现得并不突出。但是今天，有些人开始支持在英语中进行某种强势的语言工程，而且这样做是出于一个特定的原因：性别主义。

和很多语言一样，英语当中有很多性别色彩浓厚的表达。

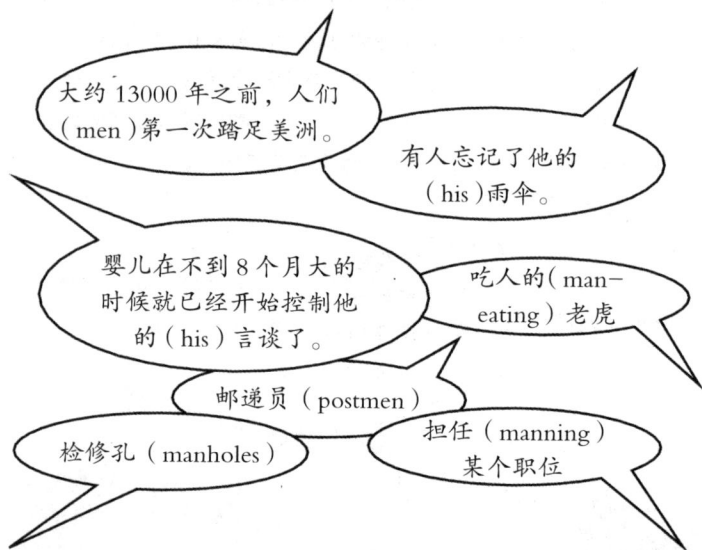

大约 13000 年之前，人们（men）第一次踏足美洲。

有人忘记了他的（his）雨伞。

婴儿在不到 8 个月大的时候就已经开始控制他的（his）言谈了。

吃人的（man-eating）老虎

邮递员（postmen）

检修孔（manholes）

担任（manning）某个职位

如今，我们试着寻找削弱性别主义色彩的方式来进行谈话和写作。有时候我们可以采取简单的解决方案：比如用 letter carrier（送信员）来代替使用男性称谓的 postman（邮递员），使用去掉男性词尾 -man 的 chair（主席），而不用 chairman，用中性词尾 -er 的 firefighter（消防队员）代替男性词尾 -man 的 fireman。不过，在其他情况下，这种做法看起来就会比较笨拙。

Somebody has forgotten his or her umbrella?（有人忘记了他的或她的雨伞吗？）

Somebody has forgotten their umbrella?（有人忘了他们的雨伞吗？）

看起来似乎没什么解决方案能够令所有人都满意。

性别歧视的态度

即使我们能够以某种方式规定废除这些不受人欢迎的用法，也无法清除性别歧视的态度。我们不断地读到这样的表述："他袭击了隔壁邻居的妻子"（这位女士难道就不是他的邻居？），"这些拓荒者经过艰难跋涉，带着他们的家畜、谷种和妻子跨过大草原"（妻子在这里被看成什么？）。

《纽约客》的这位新编辑是一个引人注目的、身段窈窕的金发女人。

（人们会这样描述一位男性编辑吗？）

尽管这些用法是如此令人厌烦，但是大多数语言学家认为，当前的首要工作是记录并描述语言本来的面貌，而不是试图去改变它。也就是说，语言学家的态度是描述主义的（descriptivism），而不是规定主义的（prescriptivism）——我们前面讲过这种规定主义。这个事实常常导致公众对于语言学家试图展开的工作有所误解。

描述主义

　　不做语言学研究的人常常指责语言学家，认为他们总是主张"任何一种语言都很好"，若后者拒绝和他们一起、激烈地反对任何令其感到厌倦的东西，就更是如此。但这其实完全是误解。对于"英语中什么是良好和恰当的用法"这样的问题，语言学家也和其他人一样，每个人都有自己的主张——不过语言学家的观点通常来说远比其他人的看法更有见地。但是，表达看法和查明事实，这两者之间有很大区别，而后者才是语言学家的主要任务。没有人会因为一位植物学家的主要兴趣在于弄清楚植物的本来面貌是什么，而非建造美丽的花园，而对其横加指责。

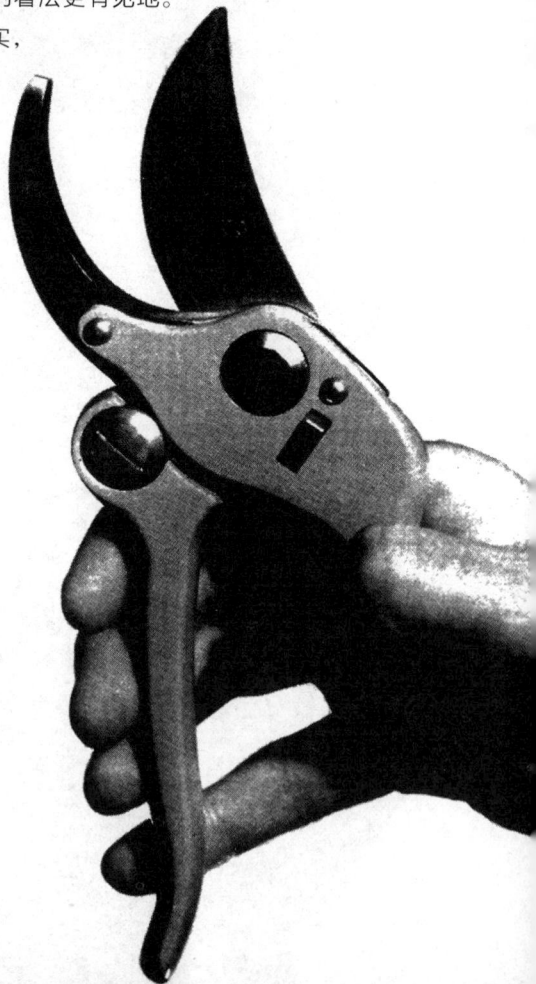

语言障碍

迄今为止，我们考察过的所有例子体现的都是规范的语言用法，但是并非所有的语言使用都是规范的。特别是，如果我们的大脑受了损伤，语言可能会变得不规范或是完全紊乱。因为大脑的某些区域主要是负责语言运用的，而对这些区域的损害就会使我们的语言陷入混乱。

由大脑受损引起的语言功能障碍被称为"失语症"（aphasia）或"言语障碍"（dysphasia），我们已经发现了几种不同类型的失语症。

19 世纪 60 年代，法国外科医生布罗卡（Paul Broca）发现了一种特殊的功能障碍症，也就是现在人们所说的"布罗卡失语症"。患有这种失语症的人说话非常缓慢且吃力，几乎不合语法，而且发音也有些含糊不清。

患者的理解力基本上没有受到影响，而且他说的话也是有意义的，不过其他人听起来可能比较难以理解。

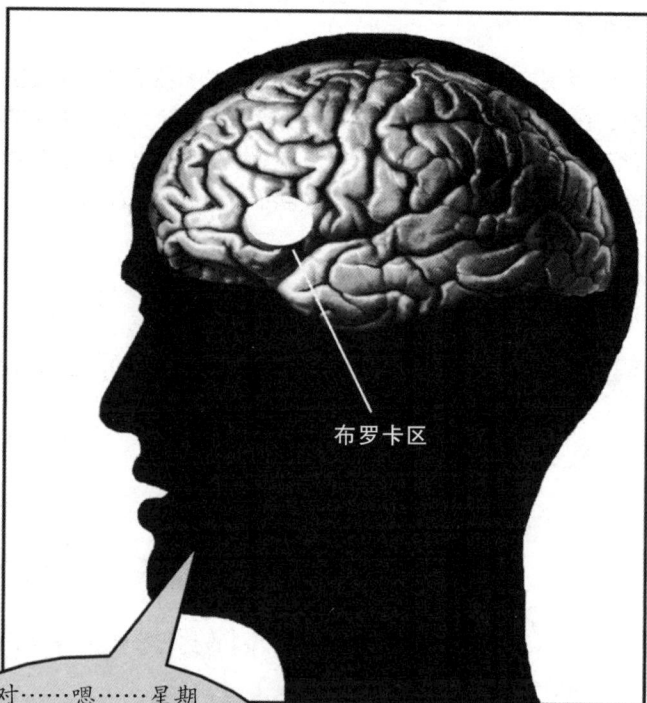

布罗卡区

对……嗯……星期
一嗯……我爸……还有我
爸……嗯……医院……还有……
星期三……星期三……9点还有嗯星
期四……10点嗯医生们……两个……
两个……嗯医生还有……嗯……牙
齿……对。还有一个医生……
嗯女孩儿……还有牙龈，还
有我。

　　有八位这样的患者后来接受了解剖研究，结果显示他们的大脑左半球
的某个特定区域（现在称为"布罗卡区"）都遭受了损伤。布罗卡医生于
是猜测，这个区域肯定负责提供句子的语法结构，并为发音器官提供良好
的肌肉控制。这些观点后来被证明为正确的。

韦尔尼克失语症

19世纪70年代，奥地利的神经科学家韦尔尼克发现一组病人患有一种非常不同的失语症，这种病症现在被称为"韦尔尼克失语症"。其中一位患者说起话来又快又流利，节奏和停顿都很规范，但是他说的话没有任何意义。

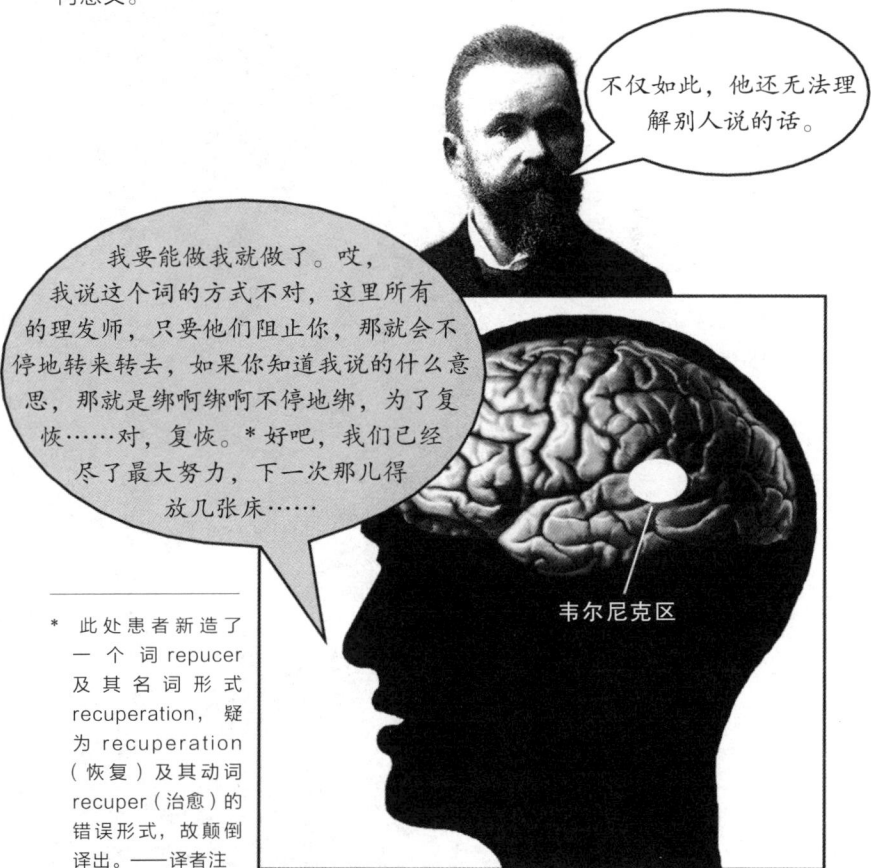

> 不仅如此，他还无法理解别人说的话。

> 我要能做我就做了。哎，我说这个词的方式不对，这里所有的理发师，只要他们阻止你，那就会不停地转来转去，如果你知道我说的什么意思，那就是绑啊绑啊不停地绑，为了复恢……对，复恢。*好吧，我们已经尽了最大努力，下一次那儿得放几张床……

韦尔尼克区

* 此处患者新造了一个词 repucer 及其名词形式 recuperation，疑为 recuperation（恢复）及其动词 recuper（治愈）的错误形式，故颠倒译出。——译者注

解剖研究再次表明，所有患者的大脑左半球的另一个区域都受到了损伤，该区域现在称为"韦尔尼克区"。韦尔尼克区看来负责理解和获取日常词汇。

神经语言学

我们今天将这种对于大脑语言功能的研究称为神经语言学（neurolinguistics），自布罗卡和韦尔尼克以来，该学科取得了巨大进展。今天我们不再需要等待对已故患者的大脑进行解剖才能开始研究了：我们可以通过颅脑 CT 扫描来探测大脑活动，从而对健在的、健康的、具有意识的人们进行大脑语言行为方面的研究。这些研究已经广泛认可了早期的研究结果，但是与此同时，也产生了复杂的新问题。

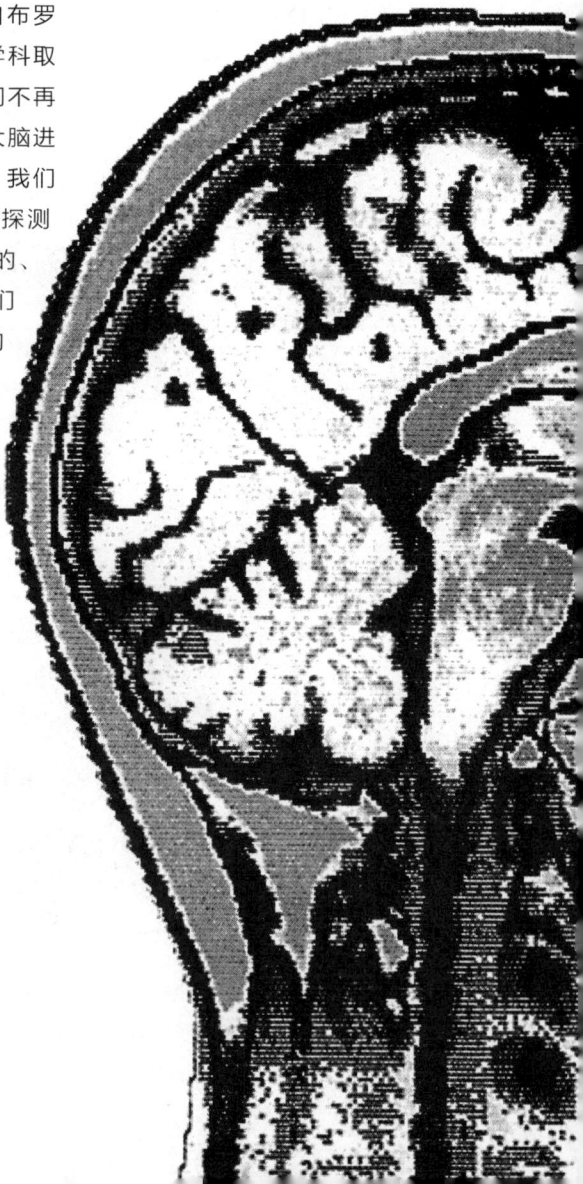

我们已经发现，患者的症状有各种各样、极为明确的系统体现。比如说，一位患者丧失了所有关于水果和蔬菜的词汇，但是对于其他类型的词汇则没有任何问题。

有些患者丧失了动词，但是保留了名词，哪怕动词和名词就是同一个词，比如说，他们可以理解短语"杯子里的牛奶"中的"牛奶"（milk）这个名词，但是不能理解"挤奶"（milk）这个动词。

还有一些患者能够说话，但是无法阅读，或者能够阅读但是无法书写，或者能够书写但是无法阅读（哪怕是他们自己写下来的东西）。

一位同时使用法语和英语的患者丧失了说法语的能力，但是保留了说英语的能力，然后又突然恢复了法语能力却丧失了英语能力，并如此反复好几次。

显然，关于大脑中的语言活动，还有很多问题有待探索。

特定型语言障碍

　　并不是所有的语言障碍都是由大脑损伤造成的，其中有些似乎是由遗传异常造成的。下面这种很奇怪的功能障碍就是一个很好的例子，我们称之为特定型语言障碍（SLI）。SLI患者在大多数方面都表现得十分正常，但是他们处理语法词汇和词尾时有很大困难。他们无法学习这种词汇，也无法正确地构词，而且常常完全略过这些部分，有时候则会将它们放错位置……

Yesterday I eat two cookie.
（昨天我吃了两块曲奇饼干。）

There be a trains coming.
（来了一辆火车。）

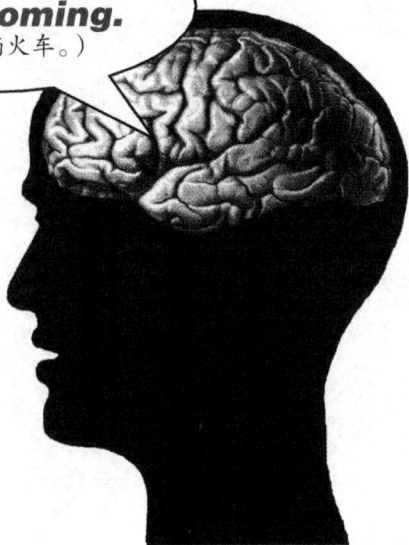

最为特别的是，他们无法通过我们之前提到的 wug 测试：如果你请他们为一个无意义的词语写出复数形式，他们会完全不能理解这是什么意思。我们仍以 wug 这个生造的词语为例，他们的答案是……

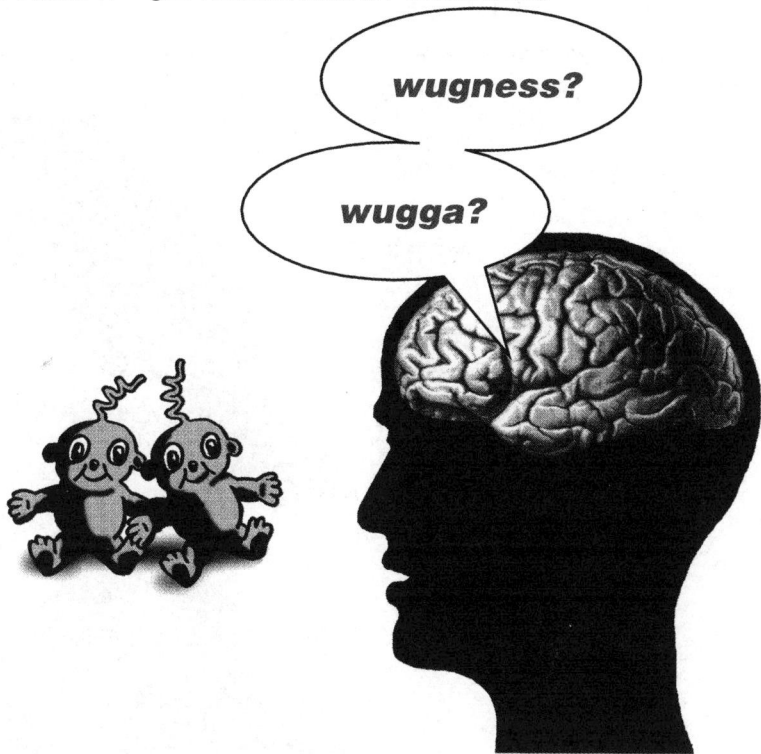

对于其他词语，他们的回答也同样令人惊讶：他们认为 zat 的复数形式是 zacko，zash 的复数形式是 zatches，等等。

SLI 患者看来不可能明白，语言的运用（例如构造名词复数）是有规则的。因此，他们肯定会费很大力气一个一个地学习所有规则的名词复数形式，比如 dogs（多只狗）和 boxes（多个盒子），就像我们学习不规则的名词复数形式一样——比如 men（男人们）和 mice（多只老鼠）。于是，他们就没法知道一个新名词的复数形式是什么，因为他们没有掌握可供使用的规则。

威廉综合征

    另一种语言功能障碍是由于基因缺损而造成的，这就是威廉综合征（Williams syndrome）。患有这种病症的人同时表现出多种身体功能异常，其中包括不同寻常的"精灵脸"，以及相当严重的智力迟钝，这使他们无法独立生活，而必须接受专业机构的照顾。威廉综合征患者在学习语言规则方面完全没有问题：比如说，他们可以像其他人一样学会构造规则的名词复数形式（例如 books），也能构造规则的动词过去时态（例如 enjoyed），但是他们确实会有另一种语言问题。

他们在选择恰当的词语方面有困难。这并不是说他们在选择词语时会犹豫或踌躇（事实上，他们经常说话飞快），而是说，他们经常选择错误的词语。比如说，一位威廉综合征患者想说"麻雀"（sparrow）的时候，他会说"鹦鹉"（parrot），想说"曲奇饼干"（cookie）的时候会说"蛋糕"（cake）。不仅如此，他们有时候还会将自己已经充分掌握的规则过分普遍化，于是他们就像很小的小孩子一样，在该说 took 的时候说 taked，该说 mice 的时候说 mouses。

心理语言学的语言观

在加拿大心理语言学家斯蒂文·平克的著作《词语和规则》(*Words and Rules*)当中，他将来自第一语言习得、常规成年人行为以及 SLI 和威廉综合征患者等方面的事实证据集合在一起，提出了一个普遍的观点，以此说明语言在我们的思维中是如何运作的。平克认为，我们的语言能力包括两个重大而独特的构成要素。

其中一个要素就是存储（或者查阅）。

> 在这个方面，每当我们学到一个语言条目，就会将其记下来并加以存档，然后在需要的时候进行查阅。

当我们学习指物的词语时，我们就需要这么做。说英语的人肯定会学到，某种体型较大的、长着拱嘴的动物被称作 pig（猪），说威尔士语的人学到的词则是 mochyn，同一种动物，在德语中是 Schwein，在巴斯克语中是 txerri，在新几内亚的伊马斯语中是 numbran，等等。

同样，我们在学习不规则形式（比如 mice 和 took）的时候也需要进行学习、存储和查阅。

另一个要素则是规则（rules），我们是在习得的过程中逐渐建立规则的，比如说（在英语中）："构成复数形式时在词尾加 s"，以及"构成过去式时在词尾加 ed"，等等。

　　这两个要素都是最根本的：如果我们没有记住足够的词语来应用规则，那么规则就没有意义；而如果不使用规则，那我们就得逐一记忆和查找所有的词语——这无疑是极为艰巨的工作。

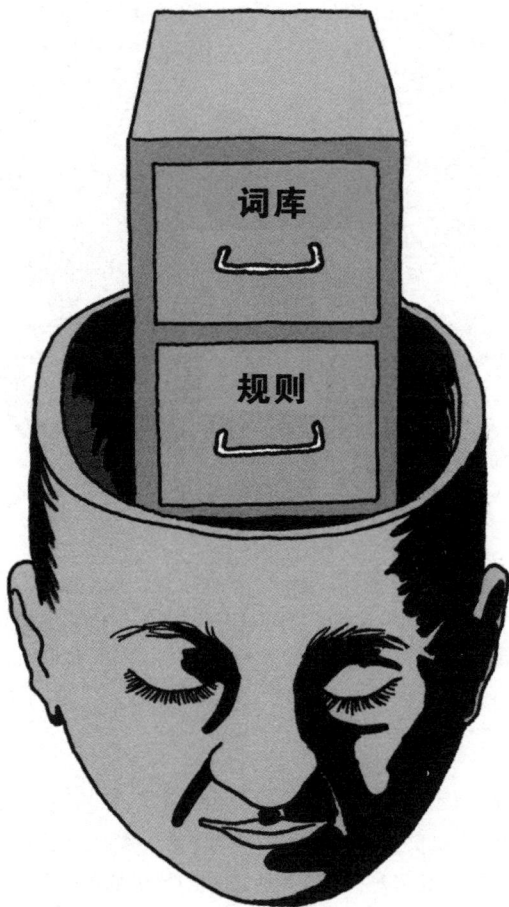

基因异常问题

平克等学者认为，SLI障碍症主要是规则要素发生了问题。

威廉综合征的患者在学习规则方面没有问题，但是他们的存储和查找功能不太稳定，经常无法检索到需要的词汇。

SLI患者无法学习规则，所以就必须不断地尝试记住所有的东西，所以他们说出的话就会复杂难懂。

遗传学家近来明确指出了这两种基因异常的发生位置，而它们都与SLI和威廉综合征的发生有关。或许有一天，我们能够确切地判断，当这些基因发生异常变化时，究竟是大脑中的什么地方出了问题，由此我们也就能理解大脑是如何处理语言的。

语言如何产生？

我们希望了解语言在大脑中的运作，与此相关的还有另一个愿望：我们希望弄清楚，语言最初是如何产生的。很多年来，这个话题在语言学家当中一直都是禁忌。因为关于语言的结构、关于大脑的功能以及大脑中语言处理的过程，甚至关于人类的祖先，人们在这些问题上一直都还没有取得重要进展。而且，在 1867 年，法国科学院确实曾经禁止人们讨论这个问题。

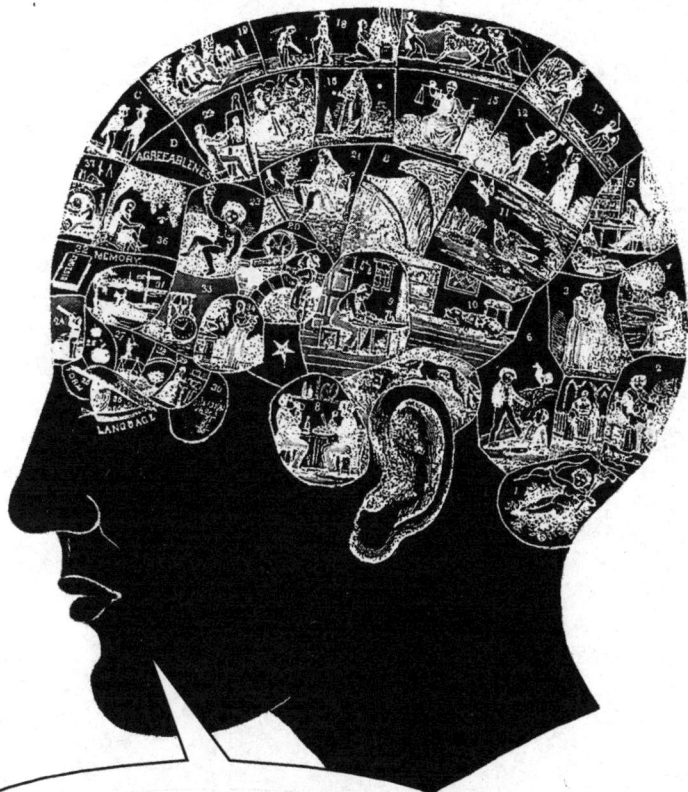

这样做也是有道理的，因为在这些方面，除了各种猜测和臆想（而且常常是非常荒谬的想法），我们当时真的一无所知。

我们今天知道什么？

　　如今我们的处境要好得多。语言学家能够告诉我们一些重要的事实，令我们了解到各种语言是如何组建起来的。心理语言学家则获得了重大进展，对语言在人类思维中的运作过程有了更多了解。神经语言学家和神经科学家现在掌握了大量材料，知道大脑是如何构造与如何运行的，知道语言在大脑中的相关区域和组织方式。当然还有古人类学：古人类学家已经取得了重大突破，揭示了我们这个物种是如何起源的。所以说，我们今天有了更多材料，可以进行下一步的研究。

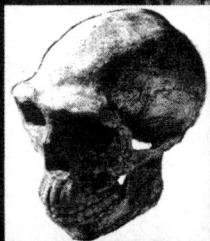

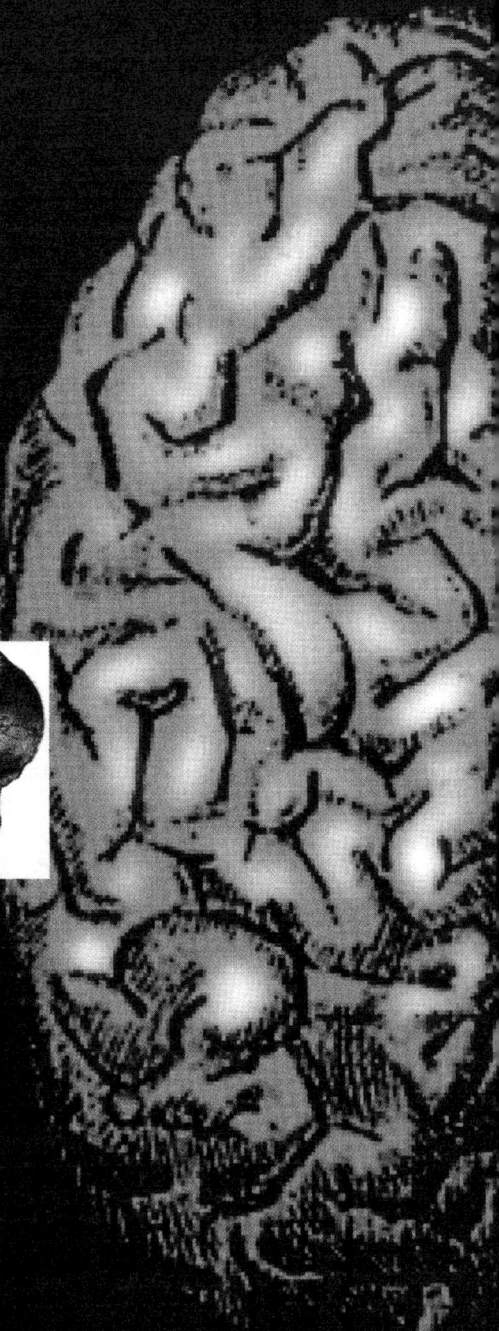

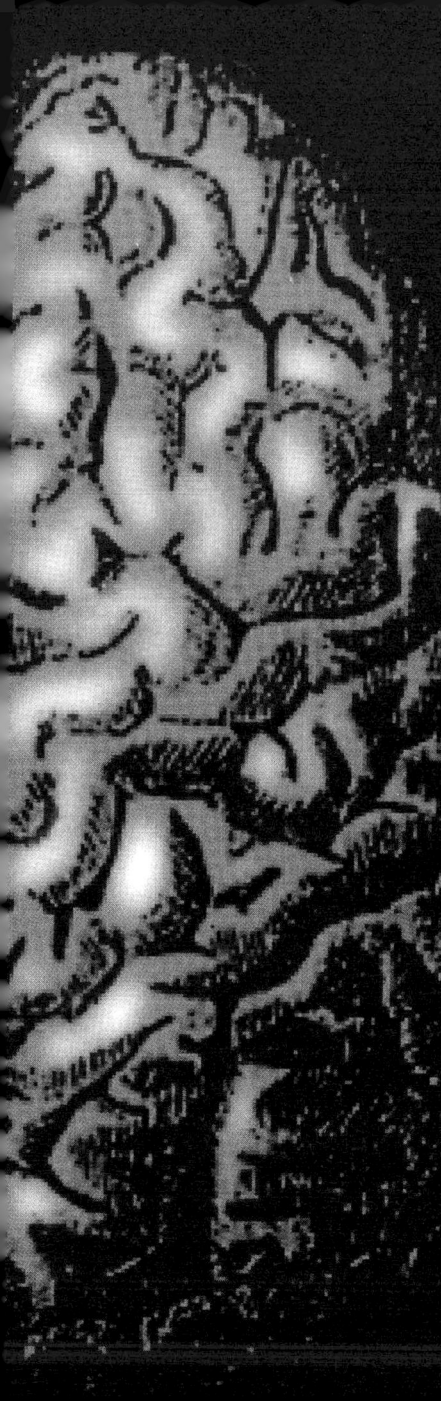

但是这并不意味着，我们就要找到以下问题的答案了：语言是如何发生的？何时发生的？为什么会产生语言？语言学家现在开始定期与其他领域的专家展开讨论，以期发现某些共同的研究领域，比如心理学家、人类学家、灵长类动物学家（主要研究灵长目动物，包括猿、猴子以及人类）、考古学家以及具有其他专业兴趣的科学家。不过到目前为止还没有什么新发现。

语言是何时产生的？

语言的出现距今有多久远呢？有些考古学家和人类学家相信，可以找到证据表明，在我们祖先的文化中，曾有一段漫长的停滞期……

随后，大约在4万到5万年前，艺术、科技和文化领域突然出现了一次空前的大繁荣。

这个时间肯定也是第一次出现语言的时间，因为没有其他理由能够解释这一爆炸性的大发展。还有一些专家（包括大多数语言学家）认为，我们的语言能力在我们的生物性中占据了如此重要的地位，因此语言肯定是和我们这个物种（即智人）一同产生的，时间在10万到20万年之前。

接着，有些人类学家又发现了新证据：我们的原始人类祖先生活在大约 100 万年以前，那时我们这个物种还没有进化出来，他们的头盖骨化石清楚地表明，大脑的结构（例如布罗卡区）与语言之间存在关联。

他们认为，语言肯定比智人更早出现。

对于这个问题，专家们没有形成统一意见，因为我们所能发现的新材料指向不同的方向。

渐进论

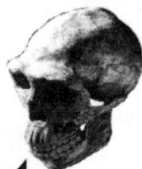

语言究竟是逐渐形成的，还是突然发生的？对此我们一无所知。一方面，心理语言学家平克及其同事布鲁姆认为，语言必定是一点一滴、缓慢而逐渐地发生的，这是自然选择的压力所导致的结果。根据这个观点，早期人类略为擅长使用语言，于是和那些不擅长使用语言的亲族相比，他们更容易适应环境。因此他们存活的概率更大，并繁衍了更多子孙，于是，具备语言能力的个体就逐渐在世界中占据主导地位，因为他们能够在竞争中胜过那些不善言辞的邻居。

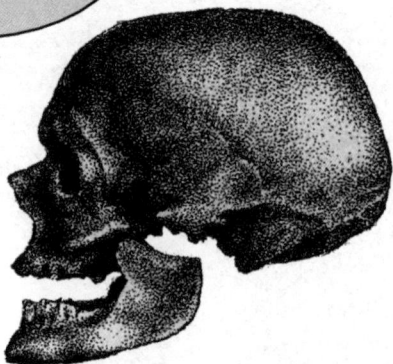

UG

啊，啊

吃的

我们打猎

那儿有好多野牛

等我的命令再发动攻击

咱把猎物带回去给大家看看

我在山那边看到好多羚羊。我觉得咱应该搬到那儿去。

咱还是在这儿过冬，这儿更暖和，而且也有动物供咱打猎。

因为我们的语言能力更强，我们就更好地存活下来。但这些都是缓慢地、逐渐发生的。

突变论

　　另一方面，在英国出生的美国语言学家毕克顿提出了一种理论，认为语言是突然发生的（简直是一种剧烈的突变）。根据他的观点，我们的祖先在很长一段时间内都没有语言，但是他们逐渐发展出某种大脑结构，从而令更为复杂的思维活动成为可能。

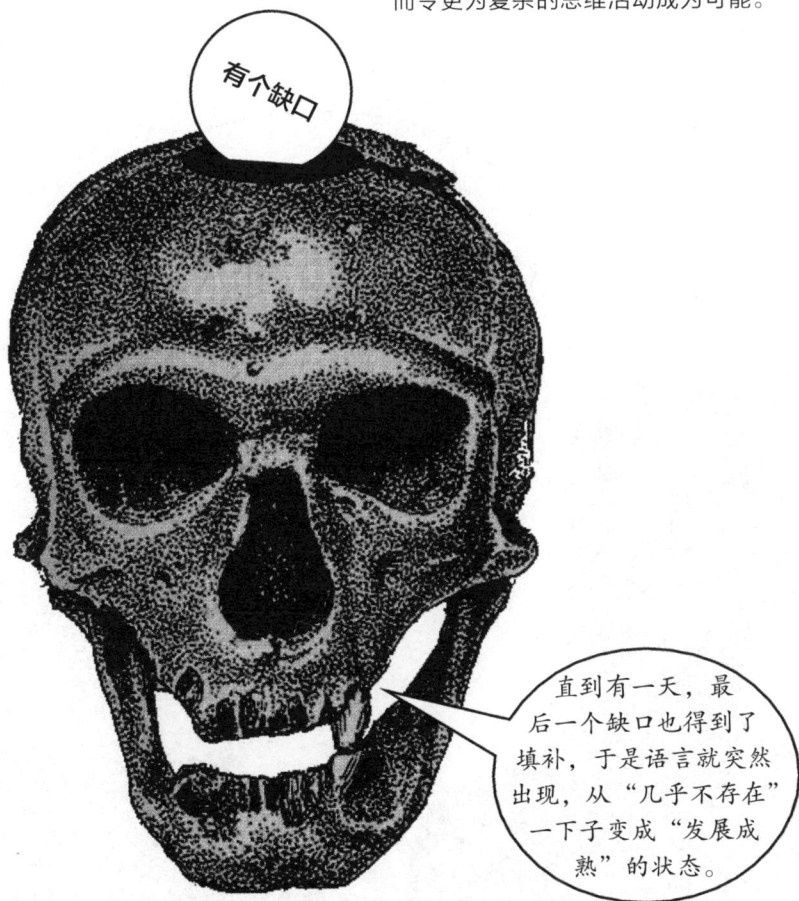

有个缺口

直到有一天，最后一个缺口也得到了填补，于是语言就突然出现，从"几乎不存在"一下子变成"发展成熟"的状态。

对语言渐进论的批评

平克、布鲁姆观点的问题在于，它无法设想一种不完全的语言是什么样子。我们能想象一种只有名词、没有动词的"语言"吗？或者只有肯定句而没有否定句？只有两个词的句子，而没有十个词的句子？还是只有事物的名称，实际上却没有任何语法？语言学家认为这种观点是无法接受的。我们在任何地方都找不到这样的"语言"——除非它是最近的语言。

所谓"最近的语言"就是混杂语，它只有很小的词汇量，而且实际上没有语法。正如我们已经看到的，混杂语是由那些有交流需要，但是没有通用语言的人创造的。

我能说我自己的语言。

但是我们只有通过创造一门混杂语才能交流。

我也能说我自己的语言。

毕克顿的要点则在于，在混杂语和真正的语言之间，我们似乎从来没有观察到存在着中间的语言状态。他还注意到混杂语有其他特征。我们可以在非常小的孩子当中发现某些与混杂语明显相似的语言系统，而这些孩子刚刚开始学习母语。

在某些脑部受到损伤的个体那里，我们也发现了类似的语言系统。甚至在某些猩猩那里也有类似发现，因为曾有科学家试图教这些猩猩学习某种人类语言。

毕克顿的结论

于是，毕克顿提出了他的结论：只有两种语言上的可能性，一种是比较粗糙的、类似混杂语的语言系统，他称之为"原始语言"（protolanguage），另一种是发展成熟的人类语言。我们的远祖肯定是由于大脑忽然获得了某种关键的联结，从而一夜之间发生了飞跃变化，从一种语言发展为另一种语言。

对于毕克顿来说，孩童在真正习得语言之前会先获得原始语言，而脑部受损的人则无法超越原始语言，获得其他语言形式，我们的亲族——类人猿则无法获得这种决定性的脑部联结，因此他们可以经过训练而掌握原始语言，但是无法掌握真正的语言。

你是说"原始"吗？

另一个认知例子

一切都还没有定论。甚至对于是否应该将语言看成一种完全独立的现象，还是应该将它看作我们的感知和认知的一个部分，我们都还没有达成完全一致的看法。我们可以回想一下之前讨论的认知语言学家的观点，他们将语言范畴划分为感知范畴和隐喻范畴。而现在，让我们来考虑一个关于认知方式的进一步的例子。

在英语中，如果我们说

a cockerel is *at the back of the house.*

（一只公鸡在房子背面。）

——那么这只家禽在哪里呢？

当然是在房子的后面，和房子的前面相反的位置。

好吧。但是在很多语言当中（尤其是在非洲某些地区），当人们说一只公鸡"在房子背面"……

意思就是它在屋顶上。

我们要如何理解这种差异呢？

隐喻的差异

在英语中，我们似乎是以人为基准来确定方位的。我们的背面就是我们的后面。因此，如果有什么东西"在我们背面"，那就是在我们后面。但是并非所有的语言都是这样的，也就是说，其他语言并不全都使用同样的隐喻。说其他语言的人在用比喻思考的时候，他们并不是以人为基准的，而是以四足动物为基准，比如说野牛。

所以，如果一只鸡在一头野牛的"背面"，它是在哪里呢？对了，是在牛的背上。

所以，对于隐喻的不同选择就使同样的词语产生了不同的意义。而认知语言学家试图论证说，在所有人类语言中，几乎没有任何事物是可以不必选择（用来表达它的）隐喻而得以表达的。

确实也有一些语言学家认为，将语言主要看成一种交流工具的看法，其实是一个错误。其中一位代表就是博林，他认为，语言最好被看作一种组织世界的工具，一种建构和组织思想观念的方式。根据这种观点，我们常见的、用语言交流的能力只不过是语言认知的副产品——尽管人们都认为这种副产品非常有价值。

但是我们对于语言发生的方式几乎一无所知，这也是不争的事实。所以人们自然就提出无数的猜想，试图填补这个空白，其中很多想法相当笃定，甚至相当犀利。

相互冲突的猜想

有人认为，我们的先祖在能够开口说话之前，肯定是用肢体语言交流的，而他们的语言肯定也是从肢体语言发展出来的。

> 其他人则认为，语言之所以产生，个中原因就在于，它对于建造和使用工具而言非常有用……

> ……或者是因为张口说话这种方式特别容易吸引异性……

> ……或者是因为我们热衷于聊点儿八卦……

最后这种观点将言语交流看成是某种用声音进行的"梳毛"行为，它取代了我们今天在猿猴身上看到的不断地互相梳毛的行为。

……或者是因为用语言交流解放了我们的双手，同时令我们在交流中能够持续地将注意力集中在对方身上。

语言的目的

关于这些相互竞争的解释，我们所能采取的态度就是，认为它们全都不合理。语言的产生不可能只是为了满足某一个特定的目的，我们的祖先可能很快就发现，语言其实也可以用于实现其他目的。实际上，我们使用语言是出于很多不同的目的。比如说：

- **传递信息**
- **劝说别人做出某些行动**
- **劝说别人相信某些观点**
- **令他人感到愉快**
- **令我们自己感到愉快**
- **维持并展示我们的社会地位**
- **表达我们的个性**
- **表达我们的情感**
- **与他人保持良好的（或是糟糕的）关系**

几乎没有语言学家会热切地相信，我们的祖先纯粹是为了实现以上众多功能当中的某一个才发展出语言，然后偶然发现还能用语言实现其他一两个目的。语言其实要丰富得多，而且它深深地植根于我们的存在当中。别忘了，正是语言最明确地将我们和地球上的其他生物区分开来。

最重要的是，语言是令我们成其为人的东西。

而且，虽然我们对于语言本质的理解获得了显著而重大的进步，但是要说我们已经知道了语言究竟是**什么**，无疑还为时尚早。

进一步阅读书目

如果你还想更进一步地了解语言学，下面这本娓娓道来又十分好读的书应该是不错的入门读物：

R.L. Trask. 1999. *Language: The Basics*, 2nd edition. London: Routledge. 【中文版《语言》，于东兴译，2014 年，南京大学出版社】

读完这本书之后，你还可以继续读一本教材。比如下面这本基础教材：

Jean Aitchison. 1992. *Teach Yourself Linguistics*, 4th edition. London: Hodder.

下面这本书篇幅更长，不过也是基础读物：

George Yule. 1996. *The Study of Language*, 2nd edition. Cambridge: Cambridge University Press. 【影印版由外语教学与研究出版社于 2000 年引进，中文译名《语言研究》】

下面这本书也是大部头，但是写得很生动：

Victoria Fromkin and Robert Rodman. 1998. *An Introduction to Language*, 6th edition. Fort Worth: Harcourt Brace. 【本书第八版影印版由北京大学出版社于 2007 年引进，中文译名《语言引论》】

下面是第一本参考书，这本百科全书当中有很多精美的插图：

David Crystal. 1997. *The Cambridge Encyclopedia of Language*, 2nd edition. Cambridge: Cambridge University Press. 【本书影印版由外语教学与研究出版社于 2002 年引进；中译本为：《剑桥语言百科全书》，任明等译，中国社会科学出版社，1995 年】

如果你对语言学的历史感兴趣，那么有很多书籍值得一读，但是这类书籍并不是都很好读。关于 20 世纪之前的历史，你可以试试这本：

R.H. Robins. 1967. *A Short History of Linguistics*. London: Longman. 【本书影印版由外语教学与研究出版社于 2001 年引进，译名为《语言学简史》；中译本为：《简明语言学史》，许德宝译，中国社会科学出版社，1997 年】

20 世纪的语言学史更加难读，不过可以试试这一本，它的介绍稍微有些选择性：

Geoffrey Sampson. 1980. *Schools of Linguistics*. London: Hutchinson.

如果想要读一些讨论最近热点话题的、有趣的普及性文章，可以看看这本文集：

Jay Ingram. 1992. *Talk Talk Talk*. London: Penguin.

关于心理语言学和儿童语言习得，最好读的教材是这一本：

Jean Aitchison. 1998. *The Articulate Mammal*, 4th edition. London: Routledge.

下面这本书介绍了语言和大脑：

Loraine K. Obler and Kris Gjerlow. 1999. *Language and the Brain*. Cambridge: Cambridge University Press.

还有两本对于人类语言学的生动导读：

Nancy Bonvillain. 1993. *Language, Culture, and Communication*. Englewood Cliffs: Prentice Hall.

Gary B. Palmer. 1996. *Toward a Theory of Cultural Linguistics*. Austin: University of Texas Press.

下面这本书是关于语言变化的基础读物：

R.L. Trask. 1994. *Language and Change*. London: Routledge.

最后这本是一本极好的咖啡桌图书，主题是世界上的各种语言：

Bernard Comrie et al. 1997. *The Atlas of Languages*. London: Bloomsbury.

索引